中国社会经济史讲稿

钱穆 讲授
叶龙 记录整理

北京联合出版公司
Beijing United Publishing Co.,Ltd.

序

余在新亚书院就读期间，曾修读钱穆老师所讲授的六门课程。在研究所时之两课不计，计有1953年的"中国经济史"和"中国通史"，1954年的"庄子"和"中国文化史"，1955年的"中国文学史"和1956年的"中国社会经济史"，一共六门课。其中除了"庄子"以外，都是史，除了"通史"，其他都是专门史。

现在于2014年自北京后浪出版公司已将《中国经济史》出版数以万册计，同年于香港商务印书馆出版繁体字本，销路亦不俗。于是遂有国内新华书局来签约出版《中国文学史》，2015年夏已由余对稿毕，下半年将可出版简体字本。至于繁体字本，香港商务印书馆正在装订中，将可在本年四月率先出版。现余又将钱师讲授"中国社会经济史"整理完毕，去岁由商务副总毛永波先生偕同后浪吴兴元总经理来舍下访余，见余正整理此稿，遂要求由彼二家出版此书，本年四月初已可交稿排印矣。由于《文学史》在今年已出版，故如今年内未及出版，明年将可出版。钱师曾言："穆意大陆终为今日，吾等在港者一归宿之所，此事已在前年与弟及新亚同人谈及，盼能常存心怀，并在学业上好作准备，先忧后乐，书生报国，惟在此。弟此行感触，即是做学问一大方向，如何转移风气人心，乃属学人大责任所在，千事勿忽。穆虽老，亦当追随努力也。"（此段钱师所言，乃其致唐端正学长一函中之一节，语见香港中文大学新亚书院出版之《钱穆先生书信集》）照钱师此函所言，钱师与其弟子辈均应负此责任，即是让吾等先做好学问，以备将来将学识传往内地，以作转移风气人心之用。今吾将钱师讲授各课逐本传入大陆，由后浪、新华诸书店刊印发行全国，且余又撰写多篇万字长文刊登于《深圳商报》，以介绍钱师所著上述各书稿之内容。凡此种种，亦即符合钱师生前期望。钱师若泉下有知，亦必内心感慰无已也。

今余手头尚有钱师所讲"中国通史"笔记稿一册，及未及找到之"中国文化史"稿本，二稿如能接续整理出版，则乃人生大快事也。

再说，余整理钱师"中国社会经济史"讲稿，不及两周已完成，此乃因钱师当年所讲，出口成章，故使余整理费时不多。由于原稿写于一甲子前，墨水褪色已淡，余又年近米寿，得赖放大镜看清字迹，遇有潦草褪色之字，得用两镜重叠，始能照明看清。惟全稿仍有整句未能查明之处，只得割爱舍弃。且余当年缺"漕运"一堂之讲课，此亦无可奈何之事也。一切唯有顺其自然，望读者谅之。自信记录差可准确，但难免有所疏误，再次恳请各界恕宥为感。

是为序。

叶龙
2015年4月4日
于香港青衣寓庐

目 录

序 ·· 叶 龙 1

绪 论 ·· 1

第一章 中国古代的氏族社会与农业概况 ············· 5
一、中国古代北方农作物考 5
二、古人居住于高处山地考 7
三、古人住在山上 12
四、氏与族之分别 13

第二章 中国古代的封建社会 ······················· 15
一、西周封建政治下的宗法社会 16
二、西周的井田制度 18
三、井田制度破坏后的"履亩而税" 20

第三章 春秋与战国时期的土地与工商业 ············ 25
一、土地的耕地与非耕地 25
二、战国时期大城市的兴起 26
三、齐国的工商业 28

1

第四章　中国古代的四民社会 ………………………………… 31

第五章　汉代之经济情况 ………………………………………… 35
　　一、汉代轻徭薄赋　35
　　二、汉代之经济政策　36
　　三、汉代之读书人——士　38
　　四、汉代以下之士族　40

第六章　魏晋时期的门第社会 …………………………………… 45

第七章　魏晋南北朝的制度 ……………………………………… 51
　　一、魏晋的屯田制　51
　　二、魏晋南北朝的九品中正制　52
　　三、北朝的三长制　54
　　四、晋朝与北朝的兵制　55

第八章　魏晋南北朝时佛教的传入 ……………………………… 57

第九章　中古时期之中国城市 …………………………………… 59
　　一、中国城市之特征　59
　　二、中国的四个大城市　60
　　三、中国社会的共同特点　63
　　四、汉唐的郎吏社会和科举社会　64

第十章　中国的海内外交通和贸易 ……………………………… 65
　　一、从南北朝到隋唐的海外交通　65
　　二、唐代的海外贸易　67

三、唐代的市舶使和贸易港　69

　　四、唐代的商业　70

　　五、唐代的驿站　71

　　六、唐代之交通运输　73

第十一章　唐代开始之科举社会…………………………………75

　　一、唐代科举社会之特征　75

　　二、宋代近代社会之特征　76

　　三、宋后中国农村新体貌　77

　　四、唐宋明之考试制度　78

第十二章　宋代兴起之新制度……………………………………81

　　一、宋代之书院制　81

　　二、宋代之社会制度　83

　　三、宋代之遗产处理　83

　　四、宋代之保甲制度与乡约　84

第十三章　元代统治状况…………………………………………85

第十四章　明代经济情况…………………………………………87

　　一、明代南北经济情况之转变　87

　　二、宋元明时黄河与运河情况　88

第十五章　宋元明三代之民间手工业……………………………91

　　一、唐代以来的丝绢纺织业　91

　　二、元明时期的棉织业　92

　　三、宋明的陶瓷业　93

四、唐宋的雕版印刷术　94

　　五、唐宋的造纸业　96

　　六、宋代的钞票发行　96

　　七、元明时期的匠人　97

第十六章　宋后之市场形式……………………………………99

第十七章　从井田制到唐代赋税制……………………………103

第十八章　宋代之"飞洒"与明代之税制……………………107

　　一、宋之"飞洒"与明之黄册、鱼鳞册　107

　　二、明代之一条鞭法　109

第十九章　清代社会经济情况…………………………………111

　　一、清代之地丁合一税　111

　　二、清代之消亡　112

　　附：民国时代之赋税　113

出版后记　115

绪 论

向来学历史的人，比较不注意社会和经济，西方人讲社会学也不过只是两百年之久而已。后来开始讲经济学和社会学时，并不牵涉历史，要到后来才知有连带关系。

社会与经济两者可合讲，亦可分讲。所谓"唯物史观"，即是"经济史观"，他们认为由经济形态来决定社会形态，再由社会形态来决定一切历史，遂有社会的分期。中国人讲历史比较有系统，是按朝代来讲，西方人讲历史则较紊乱，只分为上古、中古及近古来讲。由唯物史观/经济史观的学者来分期的话，则按社会与经济，封建主义是农业，资本主义是商业，共产主义社会仍是工商业。这样分法，可以说部分是对的，但是对东方历史来说，则不能按如此分法来讲，因为人类历史演进并不是照马克思所讲的。人类历史的演进，有无共同的轨道，是一个大问题，对各个不同的民族来说，意义极为重大，这要用归纳法来讲。中国人的历史演进，欧洲人的、回教人民的历史演进，须将各民族的历史演进加以汇通，才可以看出是否有共同轨道。

今天讲理论的，苏联讲的有错，但却讲得有声有色，此点为英美各国所不及。今天英美各国如果想要用真理来驳倒苏联的理论，这就得要献身于真理。

今天要用政治或宗教等来解决问题，却解决不了，因此西方人就渐渐注意到东方的历史了。今天，中共推行的政策较倾向于苏联，力量很大，大陆青年须学习唯物史观，影响很大，因其政府想用唯物史观来讲通中国历史。

最近，法国巴黎正在召开汉学家会议，讨论中国历史如何分期。今日世界上许多国家，如土耳其、埃及等国家的历史都不完整，唯有中国的历史，才可以来研究人类的历史如何演进。这便是今日欧美已注意到的文化问题。

从前的西方人，总认为不信上帝的民族是不开化的，但今日他们已改变这种错误观点（钱穆先生讲此课程时是1956年9月）。今日来谈这问题，仍是一个智识的、历史的问题，这是时代的要求，是书上没有的新智识。

大陆有一套根据历史的大理论，因此看不起西方的社会科学和自然科学等职业性的小问题。将来对世界学术有大贡献的，最好还是研究中国历史。

今日世界人类已经觉醒，自己各有一套文化，不愿佩服他人的。

今日我们来讲世界人类历史共同演进的方法，就要用历史的、科学的归纳法。

第一章
中国古代的氏族社会与农业概况

一、中国古代北方农作物考

最古的中国社会并非原始共产社会,而应称为"氏族社会"。中国古代的经济以农业为始,世界各国文化的开始都是如此。

所谓"世界四大文明古国"——埃及、巴比伦、印度及中国(也有人加上墨西哥的),文明发源都是从农业开始。埃及有尼罗河,巴比伦有幼发拉底、底格里斯两河,印度有恒河,中国有黄河。其实中国不同于上述三国,因农业发展是靠水利灌溉,但中国农业的发展并非单靠一条河。此外,埃及、巴比伦和印度均位于热带或亚热带,但中国则纬度、气候不同。再就面积言,埃及与巴比伦面积小,印度较大但比较单纯,而中国却幅员广大,此点亦与上述诸国有别。

再者,中国古代北方的农作物并非稻、麦,向来有所谓"五谷",

即黍、稷、稻、粱、麦,再加上豆,则称"六谷",再加上别的,则称"九谷"。农作物的品种,照理是由一处散布至各地,各种生物均然。所谓"生物一源",这是个有趣的问题。

我人如要研究中国最早的农作物,应根据历史来研究。

中国最早的农作物,应是黍与稷。最早产于北方的便是黍与稷,我国的《诗经》便已提到"黍""稷",又如甲骨文中提到最多的是"黍"字,讲到占卜年成好坏,就有"求黍"和"求黍年"等记录,但未见有"求麦"。因为黍贱易种,麦为贵品种而难生长,故商代人求丰年只求黍。这是历史材料,当我人研究此种甲骨文之史料时,应该产生问题,何以只求黍而不求麦。原因如上所说,因黍不值钱而易种,是商代人的主要农业作物,这证据可在《诗经》中找到,因"黍""稷"两字很多。

我国古代农业发明者有后稷,有神农。"后"者,上帝也。"后"与"神"都是形容词,神农姓姜,后稷姓姬,此两人均在中国西部,何以不称"后稻"或"后麦"而称"后稷"呢?这是一个问题,因为中国最古的农作物是稷。

甲骨文是盘庚后之文物,是我国可靠的史料。但后稷之史料是由传说而来,不一定可靠,此乃由推想而来的假说。

黍、稷有共同之性格,都是高地农作物,因为郑玄说:"高地宜黍稷,下田宜稻麦。"① 今日北方以麦为主,种麦处即是种稻处,我国南方以稻为主,种稻处即种麦处,而稻、麦要的水分多,故在下田,黍、稷需要的水分少,故生在高地为宜。

今提出另一证据,束皙《补亡诗》云:"黍华陵巅,麦秀丘中。""陵"是指山地、丘陵之义,即黍开花于山上。长江流域地

---

① 《孝经》郑玄注。——编者注(本书注释均为编者所加,下文不再标示。)

区的山上可种稻,但在黄河流域的陕西地区山上则种麦。由上述可知,古代人多种高地山上的农作物,是旱地作物,证据是"舜耕历山,渔雷泽"①,这是说明在山上耕田,在水中捕鱼。

又一证明:后稷发明教人种田就在山西的稷山(并非陕西),自古就有此传说。

再一证明:神农一名"烈山氏",意即神农氏发明农业,将山上的树木烧掉作肥料来种田,并非用水利灌溉来种田,所以又称为"烈山氏"。

又一证明为《吴越春秋》:"尧遭洪水……尧聘弃(即后稷)使教民山居,随地造区。"《吴越春秋》的作者是东汉时的浙江人,此处所谓"山居",便是命人民住在山上种田。

由上述各种证明,可知古代人种田均在山坡上,种的是黍稷而非低地的稻麦。

二、古人居住于高处山地考

《易经》中云:"上古穴居而野处。"② 证明古人住在山上。又《礼记·礼运篇》云:"昔者先王未有宫室,冬则居营窟,夏则居橧巢。""窟"者,穴也;"营"者为一个个散布的窟窿。北方的太行山区,今日仍见到其半山区有此种穴居。故所谓"穴居"者,并非地下挖洞,而是在山上挖洞。又有《孟子》中云:"下者为巢,上者为营窟。"③

《诗·大雅·绵》中云:"陶复陶穴。""陶"即挖空,"复"即"寠",

---

① 《史记·五帝本纪》。
② 《周易·系辞下》。
③ 《孟子·滕文公下》。

总之穴居者即是"山居",居住在山上是也。

山居与山耕同时,此时期之文化可称为"黍稷文化",今日在北方仍有遗迹可见。黍是极简单的农作物,生长于高地,这种黍稷文化亦可称为"陵阪文化"。

中国文化最早的发源地不在黄河流域,而是在其支流的渭水、泾水、汾水及洛水一带。其实这已是后期了,因中国最古的文化并非在水边,亦非在平原,而是在高原上,可称为"高原文化",故并无西方人所谓的"在摇篮中孕育的文化"。埃及、巴比伦的花是在暖房中培育出来的,而中国的则是在山地上,经过日晒雨淋,并非花,而是松柏,即是花,也是梅、菊之类。

所谓"氏族",中国古代均称"氏",如神农氏、烈山氏、轩辕氏,直到春秋时代,尚有"氏"之称谓。"氏"者,《说文》云:"巴蜀名山岸胁之堆旁箸欲落堕者曰氏。"① "堆"即"𠂤",石堆也,亦有称为山堆、山阜者。

"厂"或"𠂆",即"岸"字,"山"表形,"干"表声而已。"氏"即"𠂆",即山旁有一块东西好像要掉下来,故许慎说"氏"者"巴蜀名",不一定对。与许慎同时之应劭说:"天水有大阪,名曰陇坻,其山堆旁著,崩落作声,闻数百里。"② "山堆"即山阜、山崖。《晋书地道记》云:"汉阳有大阪,曰陇坻,亦曰陇山。郡处其西,故曰陇西。其山堆旁崩,声闻数百里。"此处所说之"汉阳"即汉水北,"𠂆"即氏,"坻"即阺,"阝"是不明白而特意多加上去的。"氏"即阺,"阝"即阜。"𠂤"者,许慎说"秦谓陵阪曰阺",是对的。故"氏"与"阺"实乃同一字,而许慎将之分成两个字,其实秦(陕西)、蜀(四

---

① 《说文解字》卷十二。
② 《汉书》注引应劭语。

川）的说法是相同的。

"氏"摔下来时，声闻数百里，四川的扬雄在文中曾说："响若氏隤"①，"氏"即阺。许慎《说文》中引用扬雄此句，说这是四川人的说法，但其实陕西人亦是如此说法。

总之，"氏"即高山上之土堆，可以居人，也可耕田，因此住在那里的人，叫某氏某氏，这是我钱穆的独有见解。"民"字是从"氏"变来，即是"氓"，故《康熙字典》中查"民"字在"氏"部。住在"氏"处的人叫"民"，人即民，民即人，民非君民之民，是无阶级的。梁启超说，民即老百姓，是被统治阶级。其实，民不分阶级，例如"厥初生民"，"民之初生"②。古代大部分人住在山上，故称某氏某氏，即"胙之土而命之氏"③。古代女子称姓，男子称氏，姓统而氏分，如姓姬者，即凡姓姬者即属同一血统，氏则是分开的。

由于古代农作物种在高地，人居于山上，字写作"ㄏ"即"氏"，加"㊀"即成"民"字了。但书上并不说古人住在山上，"氏"者即山上住人的地方。又一证明为"邱"，从"丘"，亦可写作"灬"或"凵"或"工"。"灬"即北，"—"即地，人住在地上。此字从"北"从"一"，因人居在丘南，故从"北"。又《广雅》云："小陵曰丘。"

总之，"丘"是"土之高也"（《说文》），人住在高地上也，也有写作"从"的，即二人住在丘上。何以人居于山上？又一证明为：

《孟子》云："得乎丘民。"④

---

① 《汉书·扬雄传》。
② 《诗·大雅·生民》《诗·大雅·绵》。
③ 《左传·隐公八年》。
④ 《孟子·尽心下》。

《管子》云:"乡丘老不通。"①

《庄子》云:"丘里。"②

《周礼·周官》云:"九夫(夫,家也)为井,四井为邑,四邑为丘。"这时候的人已不住在山上,但"丘"仍作为人居住的社会单位,故不叫村而叫"丘"。

《左传》云"八索九丘"③,形容人学问广博,读过这些书。汉人注云,"九丘"即九州亡国之戒,即指古代的历史也,说明此人研究古代史很清楚。另一种说法为,"丘,聚也",以国名丘,可见从前国家的人民住在山上。由以上可见,"丘"有三种解法:一为人住在丘上;一为乡丘、里丘;一为国丘。又,"虚"即"大丘也"④,《易经》上说"升虚邑",可见此"虚"是高的,"升"者即要建高之意。历史上说,鲁为少皞之虚,卫为颛顼之虚,陈为太皞之虚,郑为祝融之虚,晋为实沉之虚。即《左传》上说,这些国家都是住在山坡上的。

又如曲阜,即高地也,今仍可见。陈国叫"宛丘",亦是一丘。又如唐尧所居之处叫"陶丘"。

我国古代这些事实,因有史书记载,可说是世界上独一无二的。

又有一证明:"舜居蒲阪","阪"即山陂。章太炎曾作《神权时代天子居山考》一文,此文为一创见,但有一病,即"神权时代"用于中国不妥当,此乃模仿自西洋。章氏曾见过日本人译书,曾云天子居山,即民众居下,这就不对了。民众当然也居山,正如梁山泊上一百零八条好汉均居住山上,朱贵只是派往山下而已。

---

① 《管子·侈靡》。
② 《庄子·则阳》。
③ 《左传·昭公十二年》。
④ 《说文解字》卷八。

又《说文》云:"京,人所为,绝高丘也。"或云:"人所居高丘也。"①周人居镐京,即人居于高丘。

《诗经》云"如坻如京"②,是说农民收成之本,"坻"即阺,"阺"即氏也。

《国语》云:"赵文子与叔向游于九京。"③"九京"是指死人葬地,古人葬死人即葬在家中。

我人可由"九京"联想到,"九原"亦是人死后之葬地也。《说文》云,"原"是高的、平的野,故"原"者,是"高平之野人所登"。

《说文》云:"四方高,中央下为丘。"④

《诗经》云:"周原膴膴。"⑤

《左传》云:"原田每每。"⑥

段玉裁注《说文》云:"凡陆阜陵阿皆高地,其可种谷,给食之处皆曰原。"即高地上可种田处叫"原",故郑康成注"原"云:"高平曰原。"

《尚书》云:"既修太原。"

黄帝"邑于涿鹿之阿(阿即高地)"⑦。

《穆天子传》云:"天子西征,升九阿。"又云:"平陆。"

"陆"亦是高地,故今日人说"大陆"是不对的,因黄河、长江流域均非大高地也。高地可种谷处叫"原",高而平的才可叫"原"。今人称"民阜物丰",此处何以人多用"阜"字?因为古人住在阜上。

---

① 桂馥《说文义证》。
② 《诗·小雅·甫田》。
③ 《国语·晋语八》。
④ 《说文解字》卷八。
⑤ 《诗·大雅·绵》。
⑥ 《左传·僖公二十八年》。
⑦ 《史记·五帝本纪》。

由以上诸证，即可说明古人住在高原（穴居者即是在山上挖洞）。《墨子·辞过》说："古之民，未知为宫时，就陵阜而居，穴而处。""就"者，即是往高地而居。因当时古人还不知道在平地上造宫室，所以就在山地上挖洞而居也。

三、古人住在山上

上节谈到《公刘之诗》的"陶复陶穴"，据徐锴解释是在地旁岩下筑室。马融的《长笛赋》云："岹窔岩窦。"徐锴的注释即是根据马融之说而来，故"复"即"窦"，说明古代人穴居在山洞中。

《荀子·解蔽》曰："空石之中有人焉。"唐时人注曰："石，穴也。"则荀子时仍有人住于穴中。又《诗经·东山》曰："洒扫穹室。"此两字均从"穴"。

以上证明古人的房子是造在高地上的。

"广""厂"两字，即是因岩为屋之意。例如"庐"字，照理此屋应造在山上，如今则是造屋在田间之意，但观其字形是造在山岩处的。

又如"庶"字，人口众多，所以用"广"旁，因古人本是住在山岩处的。

又如"民阜"，即人口多是住在山岩处，"阜"即"𠂤"。

又如"危"字，用"厂"为偏旁，是说人在屋脊上，故危，如范痤"因上屋骑危"[①]。故从《说文》中便可了解古代社会。

中国古人何以要住在山上？一说人为避洪水，故居山上。孟子曾如此说过，《孟子》云："当尧之时，水逆行，氾滥于中国，蛇龙居之，

[①] 见《史记·魏世家》。

民无所定，下者为巢，上者为营窟。"①孟子时，人民大多已住平地，但根据"营窟"二字，即可证明人住于高地。此处孟子所说，与《易经》和《墨子》说法不同。

古代称人曰有虞氏、有夏氏、陶唐氏，但对殷不称"有殷氏"，而称"殷人"，可见殷商时已搬下来住，不住高地了。故如用"氏"与"人"来分别的话，商代以后可称今代，夏代及以前可称古代。

当时古人对黄河仍不能做有利于农业灌溉之利用，至于黄河诸支流，也要等人对农业智识极高时才有用。

总之，中国古人何以住在山上，尚待吾人做实地考察之研究。

四、氏与族之分别

我们可称古代为氏族社会。

"禹会诸侯于塗山"，"防风氏后至"②。所谓"禹会万国"，古代无国而只有氏，故此处称"防风氏"，而不叫"防风国"。一个氏即一个部落，这部落是住在山坡上，故名叫"氏"。

"族"者，即在一面旗帜下面，大家拿着一支矢。这是游牧民族，所游过之处，他人不得侵犯。

"物"字从"牛"从"勿"（"勿"即旗也），物有多种，神怪亦叫"物"，《康熙字典》解"物"字有七八种说法。"物"本来是分别之意，何以又作神怪解？沪语"勃相"，即是"物相"，物可读作"勃"，考察之义。故"物"者是在旗上画一个手，这证明古代是图腾社会。

---

① 《孟子·滕文公下》。
② 《左传·哀公七年》《国语·鲁语下》。

今由"物"讲到"族","族"是带着弓矢到处去打猎,是个游牧社会。

族是可迁徙的,氏则较安定。

至商代时,人民已迁居至低地,但种麦者仍稀少,此时亦没有稻。由"氏""族"两字来看,我国古代社会是游牧兼耕稼,可能游牧民族住在平地,而耕稼民族反而住在较高的山坡上。人若要住在平地耕种时,需要有堡垒防御,但当时仍无城墙,相传鲧发明筑城以防洪水,但待考。

我人可否根据黄帝轩辕氏"邑于涿鹿之阿"一句,来说明当时有城?

农业民族与商业游牧民族,前者是和平的、长住的、无争的,后者则是战争的、流动的、争夺的。

农业民族没有防御的必要,"四海之内,皆兄弟也",故没有国家和团体观念。

西洋人有悲剧,有惊险,因为是商业的;中国的农业则平淡无奇,亦无惊险。

氏有地域观念,后来转而为家族观念,因此由氏族社会转而为宗法社会。

古代的中国人是平铺的、散漫的,物质上是贫弱的,但可自供给足,因为穷,因此没有奢侈。西洋社会是吃了奢侈的亏,中国则否。

中国社会是散漫而不团结,但相安无事。自小处讲,变成家庭观念;自大处讲,则变成国家观念。

我在以上提出了两个观点:一是氏族社会,一是黍稷经济。

第二章
中国古代的封建社会

本章讲到封建社会。

西方的封建是一种社会形态,中国的封建则是一种政治制度。

讲到周代的封建,可参看《国史大纲》,现在来讲封建时代的宗法社会。传说周公发明了礼乐,宗法社会与封建政治是相互配合的。

"祖""宗"二字来自宗法社会,"祖"即开始之义,"宗"即祭也,一说"别子为祖,继别为宗"[①]。宗法有两种说法,严复译的《社会通铨》比马克思的说法妥当。程瑶田为清代乾隆时人,著有《九谷考》与《宗法小纪》,二书极为精要,写得极好,我即根据其说而加以发挥之。

---

① 《礼记·大传》。

一、西周封建政治下的宗法社会

如果一父（称为始祖）生下四子，都是二世，但只有嫡长子可继别为宗，才可以传承，其他二、三、四子都是庶子，不可为宗，不能继别。父子可以同居，但兄弟不能同居。儿子继承其父，名叫"继别"，并且要祭祖宗，规定有数子时，只有长子才可主祭，管宗庙的只有一家。因此每有一房儿子，长大时让其独立，使其经济独立，故有了井田制度，这就叫做"异居同财"。

所谓"有余则归之宗，不足则资之宗"①，直至今天，宗法几乎破坏，但异居同财之法则仍有保存之处，今日仍未破坏，即仍保有祠堂。祠堂每年有祭，由有钱的人出钱，如有穷寡疾病的，则由祠堂出钱，有祭田，有学田。此即"有余归之宗，不足资之宗"之意，即所谓"敬宗恤族"。

程瑶田说，宗法制度是兄弟制度，不仅是孝，且亦有悌，因父子是无问题的。

清代人有创"农宗"，即所谓农村宗法的。今日中国的宗法破坏了，故须另有新制度。

程瑶田的《宗法小纪》为清人所推尊，不过他的说法有一不同之点。普通我们划分阶级，是政治上的，即：（一）天子、诸侯、公卿，（二）大夫、士，（三）庶人。但程氏以为大夫、士有宗法，而天子、诸侯没有。

人类的最原始是天，但天造人之说是不必也是不可能的。以全人类言，人祖于天，按宗教说是天创造人，而西方科学家说，人是由生物进化而成。但中国人讲人的原始，只讲祖宗，如周的祖

---

① 《仪礼·丧服》。

宗即是后稷。

《诗·大雅·生民》说，后稷之母姜嫄一日外出，见路上一大足印，踏之肚动，怀孕而生后稷。起初弃之于隘巷，而有牛羊喂他，又掷于冰河之上，而有鸟暖他。因此姜嫄又将之拾回，取名为弃，长大后教民稼穑。后稷必有其父，也必有家庭。树林中有樵夫，草地上有牧人，可见当时已有农牧。他后来教民稼穑，不过是他对农耕种田特别有研究，但并非是他创造农牧，其实在他以前，已是农牧稼穑的世界。

后稷以前已有人，然而称他始祖是有道理的，由于太早的事讲不明白，即北京人已有50万年历史，但历史可讲的只有数千年，故推出后稷为稼穑的始祖，不过只是举出一位代表。《百家姓》中，每一姓均有一祖宗，此一祖为历史上之大人物，他以前的即不提了。这是周公的巧妙发明，以与文化有关的大人物为主，故我人称黄帝子孙。

从"氏族学"可知，每一姓均有祖，宗法最重要的是祭。死人是天，生人是人，死生即天人关系。中国人称皇帝为"天子"，商代人认为天子为天所派下。周武王灭商称"天子"，但周公主张百世不迁之大宗是周文王而非武王。文王只是西伯，只是一诸侯而已，周公要以文王为始祖，并给已死的王以谥号，如文、武、成、康，以代表其一生的事业品德。

文王活着时并非王，这叫做"追王"，周公即主张不应以武力打天下，只有文德才可统一天下，说明武力不足恃，故举出文王为周代开国第一代。文、武、成、康都是长子相传，称为"嫡"，是为宗子的规矩。

商换为周是大问题，周公说，上帝（天）并不叫一个人管天下，因商前有夏，坏人被撤换，让好人出来顶替，将来周管治得有了问题的话，上帝也可命他人来管治天下。

周公灭商后仍封其后裔为宋，封夏的后裔为杞，凡有一祖，均封以地，但全国均应祭文王，社会上每一人均应祭后稷（神），因此使周之地位凌驾于各邦族之上。他以后稷与文王来服天下，规定每一国均有一庙，但鲁国的庙只能祭周，不能祭文王。又由鲁分出的齐，只能祭姜太公（姜太公与周文王同时）。只以始迁祖为祖，每一国有一祖，以前的不管，全国祭周文王最大的庙只有一所。

庶人无宗法，但自天子推算下去，此为程瑶田所未及见。

周用宗法制度来实行封建制度，以长子传诸侯之位，其余的儿子均封出在外地，各赐地一幅。此为周代首创，与商代之兄终弟及不同。

二、西周的井田制度

西周是封建、宗法和井田制度三者相配合的。

古代人民有很多氏族，如姓姜的、姓姬的，姜是外戚。除封姜、姬外，还有封别的，即谓之"兴灭国，继绝世"，故又封商、夏、舜、尧、黄帝、神农、伏羲等氏族，故周朝的封建是遍及于各部落的。不仅土地，而且仍任由各氏族保留其原风俗习惯，不过得依照周代制度设立宗法。例如《左传》云，晋执蛮子以畀楚，"（楚）司马制邑立宗焉，以诱其遗民，而尽俘以归"[①]。此处所说"蛮子"，即是指住于洛阳之南、晋楚之间之人，"制邑"即封划出一幅土地，"立宗"即立一庙。

[①] 《左传·哀公四年》。

西方人是每一城事奉一神，延续至后来成为统一之宗教信仰。中国则每一城有一祖，如曲阜之祖为周公，临淄之祖为太公，一切均源自周文王。故中国是人本主义者，西方人则由多神而统一成一神之基督教。但到了文艺复兴时期，则产生"由灵返肉"主张而开始重视商业、艺术，以致演变成今日之唯物史观。中国则是政治代替了宗教。

周代之封建可说是一种武装垦殖。

中国北方在三千年前是无人居住的，只有活动的畜牧民族流动散居。周代的封建是有动静的，有姿态的，例如《诗经》中说："王命申伯，式是南邦，因是谢人，以作尔庸，王命召伯，彻申伯土田，王命傅御,迁其私人。"① 此节《诗经》是说，当地有谢人住，但无城，于是王命申氏去围筑一城。召伯在申伯附近，同为本家，彻为开辟，即请助造一城，开辟土地，王又命申伯一家人搬去住。

汉代时晁错劝汉文帝移民殖边，曰："臣闻古之徙远方以实广虚也，相其阴阳之和，尝其水泉之味，审其土地之宜，观其草木之饶，然后营邑立城，制里割宅，通田作之道，正阡陌之界，先为筑室，家有一堂二内，门户之闭。"② 此处所说"相其阴阳之和"，是指查看阳光、风雨以决定朝向。此段文字是讲述古代之封建情况，即谈及封建制度之形成、古人的产业及权利义务。在井田制度下，人人平等，故称"平民"。井田制度破坏后，人民就不平等了，这种封建，可说是武装的垦殖。

所谓"封疆"者，即封起一块地，用宽的、平的、高的城围住，内有廊，可住人，有屋有街道。

---

① 《诗·大雅·崧高》。
② 《汉书·晁错传》。

三、井田制度破坏后的"履亩而税"

《左传·宣公十五年》云:"初税亩。"

井田制度破坏后,改为赋税制度,此与经济政策有关。但二者非一,赋税为国家之财政问题,经济政策为国家政治上之理论问题,此又关联到土地制度。

《谷梁传》云:"古者什一,藉而不税。……井田者,九百亩,公田居一。私田稼不善,则非吏;公田稼不善,则非民。初税亩者,非公之去公田,而履亩十取一也。"①

古代的井田制度是将一整块土地划成900亩,中间的100亩为公田,其余800亩为私田。如果私田的收成不佳,则责备吏;如公田收成不好,则责备民。因公田是由八家私田佃户所种,公田收成不好,故要由种私田者负责。"初税亩"者,即将井田制破坏,取消了公田,全部向私田收取十分之一的税。

《礼记·王制》云:"古者公田,藉而不税。"汉代初年距鲁宣公十五年(公元前594年)尚不远,可见改为"履亩而税"的事,虽无确切证明,但是人人都知道。

一块井田约900亩地,由八家共配一井,公田居一,900亩地分成八家,由政府配给人民,叫做"受田"和"授田"。20岁时赐给他,60岁时由政府收回,如18岁便能种田的话,政府另给一块,叫"余夫"。后来有人说,井田制是后来的人托古改制而伪造的。但这个说法有问题,因井田制并非单是记载在一本书内,而是很多古籍中均有记载。《诗经》中亦说"雨我公田,遂及我私"②,可见在《诗经》中已有"公田"与"私田"之称。

---

① 《春秋谷梁传·宣公十五年》。
② 《诗·小雅·大田》。

《左传》中说:"初税亩,非礼也,谷出不过藉,以丰财也。"① "初税亩"者,意即开始要抽取田的赋税,"藉"者,助也,借也。由八家共同种公地,可谓"溥天之下,莫非王土",因此有"雨我公田,遂及我私"之句。

"吏"是教八家种田之人,教的是历法,正如管宗庙的人要懂天文、节气,用来告知种田之人,至今仍称为"时令"。"令"者,即政府派人告诉农民何时该下种,何时该做什么以及如何种田等等。民众不得不接受贵族之令,因贵族懂天文历法。私田收成不好,责备官员,公田不好则责备人民,因帮助种公田,故不收赋税了。所以后来要改变为"初税亩"者,可能因人民只是种私田,而忘记了公田。因为人是先私后公的,除非是圣人。因此后来去公田而履亩,抽十分之一的田赋,因此公田没有了。

由于井田制度破坏而改成"履亩而税"后,以后就大变了。

封建时代土地的所有权是贵族的,有所谓私田、公田,后来多请一家来种,去掉公田,收十取一之税。由于政府懒于调查,因此取消授受田之方法,只顾抽税,并且人心贪多,扩大田界,多种了20亩,只要多抽税便可。因此阡陌没有了,种到原来的田界以外去了,这叫做"认田不认人"。因此政府只看重赋税制度,而不重视经济政策,甚至于人民可多种,可兼并别人的,也可买卖田地,因此造成贫富不均。但中国向来无农奴。

据《史记》记载,商君相秦,"为田开阡陌封疆,而赋税平"②,因而废除了井田。又据朱子《开阡陌辨》一文所说,所谓"阡陌"是田间之道,即朱子说"开阡陌"是破坏划削之意,并非创置建立。

---

① 《左传·宣公十五年》。
② 《史记·商君列传》。

从前是井田，授田100亩而受田，且要还田，并替公家种100亩，但现在不需要了，只需要缴租。

从前的阡陌是很宽的，但后来阡陌被侵入而破坏后，即是所谓"赋税平"。这样一来，变成是种田人自己的田了，只抽赋税，是按照亩数多少而收税，变成"耕者有其田"。这与"莫非王土""莫非王田"不同，即是土地所有权转移了，由公田而变为私田，由属于政府的而变为耕者所有。这变更转移非政府的成文法，而是不成文的习惯。这些田在民间亦可买卖，政府不管，因此自战国时起有了兼并，但战国以前的土地是国家所有，不能兼并。

战国时蔡泽在其著作中讲及商鞅说，商君为孝公"决裂阡陌，以静生民之业，而一其俗"①。"决裂"即撕破，朱子见了蔡泽之言而说破坏，这是说阡陌打通了，朱子根据蔡泽之言而说破坏划削，遂成定论。

总之，是有宽的、高的阡陌，阡陌内则必是井田无疑。

《周礼》说商鞅帮秦国人"开阡陌"是说错了，商鞅只是将东方人的办法搬去西方使用，其实东方早用此法。太史公亦并非说商鞅为首创"开阡陌"者，故商君为孝公"决裂阡陌"并非首创，但帮助秦人"开阡陌"而已。

但是，阡陌至汉时仍存在，如匡衡得政府所封之地叫"陌"，原有规定的界线，但多划了属平陵君的400亩地给他。可见阡陌是很阔的大路，且到汉代尚有存留，即是说，到汉代时尚有阡陌的遗迹。

但朱子疏忽了一点，只讲太史公的"开阡陌"，却并未讲及"开阡陌封疆"之"封疆"（按钱穆先生对"封疆"两字有要论）。《周

---

① 《史记·蔡泽列传》。

礼》云"凡造都鄙，制其地域，而封沟之"，四封之内"乃建王国焉，制其畿方千里，而封树之"。①此处《周礼》所说之"都"是指城内，"鄙"是指乡下。"封沟"之"封"字是名词，而此处将"封沟"二字全作动词用，即挖掘之义。又，"封树"二字亦是名词作动词用。

又《周礼》云，邻、里、酂、鄙、县、遂"皆有地域沟树之"②，"沟树"即将挖起之土变成"封"，再种以树。又云"以强予任甿"③，此句意即将疆送给流氓，"甿"即农夫而成流氓者也。

封疆太高的即成长城，秦始皇时将长城拆掉，只留下北方的一部分，将以前四国（即魏、秦、赵、燕）所建相连而成一长城。

井田是一种王者之政，与西方之农奴有所不同。此时井田制已成为"耕者有其田"，再而便造成兼并。

---

① 《周礼·地官司徒》。
② 同上。
③ 同上。

第三章
春秋与战国时期的土地与工商业

一、土地的耕地与非耕地

我们国人的观念看重土地，西方的古代人则看重人力（劳工）。

春秋时代土地为贵族所有，所谓"四封之内，莫非王土"。起初并非收赋税，也不是要人民做奴隶，后来改成收地税（即贡十分之一的税）之后，土地所有权即转移了，但这并非革命，亦非立法造成。

土地后来分成耕地与非耕地两种。非耕地是指有山林池泽的水草地带，即所谓"水草沮洳"。池塘可养鱼，水草地、山林地有禽兽，可捕猎。周代是要祭祖的宗法社会，习武时在山林中捕猎到的猎品，拿好的来祭祖，贡献给贵族，将次货才分给自己享用。如射鱼亦然，将大鱼给政府取去作祭品，小鱼则大家分享。

耕地是分配给平民的，非耕地则是贵族自己拥有而平民不得进入的禁区。管山林的叫"虞"，管池泽的叫"衡"，虞、衡是政府所派的职员。当时孔子帮季孙氏看牛羊，名叫"乘田"。又如政府雇人制造车轮，叫做"轮人"，是世袭的。又如贵族命工人将兽皮制衣，称为"裘氏"。

春秋后半期有了盗贼，多在山林中出没，政府派军队征伐之。这些盗贼是个人零星的，因此无法捕捉，只能派专人在路口守候并没收其货物，亦称"征"。但此"征"字的意义已与之前不同，故演变成日后对商人的抽税。盗贼者，不去耕田而侵入禁地去做非法的谋生，却因而开了此后的自由工商业。孔子学生子贡初为外交官，后来在途中带土产做买卖而赚钱。子贡可说是中国商人之鼻祖，较后为范蠡（后人说范蠡为陶朱公，可能不可靠）。商人第三出名的为白圭，亦是政治人物兼营商业。

起初时一国只有一城，但到齐国时已拥有70余城，战国时城市兴起，故商业亦随之而发达了。

二、战国时期大城市的兴起

欧洲人的城市兴起，即商业兴起，亦即是中产阶级的兴起。

临淄在战国时是商业兼政治中心。战国时齐有七十二城，临淄为最大之中心，此是孕育而新增的，并非新的打倒旧的。中国有的所谓革命造反，并非进步，可能只有退步。

当时对临淄的描写道："临淄之中七万户，臣窃度之：不下户三男子，三七二十一万。……临淄甚富而实，其民无不吹竽鼓瑟，弹琴击筑，斗鸡走狗，六博蹋鞠者。临淄之途，车毂击，人肩摩，连衽成帷，举袂成幕，挥汗成雨，家殷人足，志高气扬。"① 此处并非是五口之家，五口之家最多一壮丁，如照五口算，已有35万人，照此算则最少已有50万人。由对临淄城的描写可知，当时人民非农奴，亦非地主阶级，而是中产阶级。

临淄有一稷下，有孟子在此讲学，他的生活是"后车数十乘，从者数百人"②。古代一车用四匹马拉，可见当时的文化情形，已与意大利之文艺城市相似，且有统一的政府，已是现代化的国家了。

战国时另一特别出名的城名"陶"，为天下交通的中心。

齐国七十二城中最小者是薛城（孟尝君受封地）。孟尝君招致天下任侠奸人入薛中，达六万余家（汉代时有游侠，"侠"者，挟也）。由此可知此小城至少有十万家，亦可达50万人。

又如吴国，楚灭吴后，封黄歇于吴，称"春申君"。今日上海的那条水即叫"春申江"，又叫"黄歇浦"。当时春申君造的城，周围有47里210步2尺，此城有8门，门上有楼，称为"陆门"，另有水门8座，城外有廓（即外城），周围有68里。但战国时春申君封的吴只是一偏僻小城，与临淄、邯郸等大城不能相比。太史公到过江南，特别去看过春申君时的城及其宫室，说道："盛矣哉！"

中国文化可大可久，且其历史之进步，均在和平中长成。春秋到战国，社会变了，但没有革命，而管治的王千年来一直在变，这其中值得研究。

自社会形态来说，战国已与从前有所不同了。

---

① 《史记·苏秦列传》。
② 《孟子·滕文公下》。

三、齐国的工商业

齐国人种桑麻，因此"人民多文采布帛"，"冠带衣履天下"[①]。

齐国亦有大的水利兴修。在战国历史上出了数位著名的水利专家，如白圭、西门豹、史起、李冰等均是。李冰建筑的水利工程今日尚可见，即在成都岷江，至今仍存。灌县今有李冰庙，当地人也崇拜其子，故称"二王庙"。

至于水路交通与船只运输，《史记·张仪列传》中描写四川到湖北的水路交通道："舫船载卒，一舫载五十人，与三月之食，下水而浮。"可见战国时代的船已极为盛大了。

至于钱币，战国时已有大量发行，战国已到了现代化的社会了。

战国时已不再是纯农业经济与农村社会了，因为当时已有50万人的大城市。战国时也出现了春秋时代所没有的高利贷。例如孟尝君封于薛，有食客五千人，孟尝君对来拜访者均赠以厚礼。又如厚待食客，给冯谖以鱼与车。孟氏如此富有，乃是六万家任侠奸人来往经营，是由孟氏借钱给他们而做高利贷。此外如平原君亦有三千食客，春申君的三千客人均为"珠履"。当时在六国之外尚有周朝，周赧王时亦有人借贷，但是无法还，因此有"避债台"。可见此时的资本经济已相当繁荣了。

春秋时之从军（当差）均由贵族参加，是用车战，一车载三人，一执鼓，一驱车，一战，十分文雅。但战国时作战改用步兵了，由平民去打仗，如打胜仗，平民要受封地成为新富翁，规定割敌方多少首级可晋级。因此战争破坏封建，不能世袭了。

助人杀敌的人叫"侠"，有所谓"刺客"。当时邯郸女人擅长歌舞，

[①]《史记·货殖列传》。

跑遍天下。战国时亦产生了医生、斗雉者、玩乐器者。

战国时最重要的工商业是盐铁，春申君可能靠经营渔盐致富，至于铁的使用也要在春秋末战国初才开始。

春秋战国时不但土地制度变了，且生活方式也变了。到了战国，可说中国古代社会告一结束。

清朝可称帝国，因拥有新疆、蒙古等藩属，但极宽大。如称秦、汉为帝国则极不通，不能用西方名称套入，应该创造适合自己的名称，并标明其特点。

第四章
中国古代的四民社会

西方只有农、工、商,但并没有中国之所谓"士"。士为四民之首,《战国策》与《管子》等书中已有四民连在一起的称谓。西方人有牧师、武士、律师等,但并无中国的士。

西方的封建时代只有贵族与平民,等到西方近代城市兴起了,才有了中产阶级。中国之士非中产阶级,而是社会的领导者。说士才是智识分子也不妥,因农工商也可接受智识。读书人有其品格(流品),《论语》中说:"仕而优则学,学而优则仕。"① 读书人经考试及格才能任官,且是照地区分配,故与世袭的贵族社会并不相同。

中国的政权,由士人任官,是一种士人政权。

中国人有任何宗教,但也可以说什么宗教都没有。教人民的是士,做官的奉公守法。

总之,中国是四民社会,包括宗教、政治及社会。教主是孔子,

---
① 《论语·子张》。

教育出很多士人，因此孔子在历史上极为重要。

社会有时是变型，有时则是成型，但两者并非绝对，不过是较变动或较稳定而已。

自井田制度破坏后，有自由的农民、工人、商人与学者。学者在当时社会势力很大，可影响到整个世界（按此乃指中国当时各诸侯国）。例如鲁仲连，当时各国欲尊秦为帝，但鲁不同意，故不帝秦。鲁只是平民，只是一学者身份，但可影响国际的政策，可见学者地位之高。当时学者地位一般来讲是很好，如孟子有"后车数十乘，从者数百人"，等于当时贵族，但这些学者只是靠诸侯供养。

又如王斗，他见齐宣王时，王说：斗前！斗说：王前！旁人问：士贵乎？王贵乎？斗答：士贵，王不贵。闻秦有命令，谁取齐王之首有赏，但同时命令秦军至齐时不许摧残柳下惠之坟上一根草，可见士贵。

又如孟子，有一次欲见齐宣王，齐宣王亦欲见孟子，召之，孟子生气说不能去，又命仆驱车外行，孟子却到别处去。只是说明王有事不能召他，要亲自见他。

士人很贵，但无生活背景，亦不事生产，只由贵族供养，但社会地位却很高。

汉高祖是平民出身，他得天下后，不爱重士人，故其政权人物都只是些他原来手下的平民和军人，当时士人地位即不高。在古代社会，士人与商人不能严格分开。汉高祖轻视商人，而当时之社会已走上一商业社会之道路。因农民种田之出产有限，只能养一家，商人则无限，可发大财。

太史公《史记》中之《货殖列传》说及汉朝之生意，太史公称经商者曰"素封"。因战国时各立王，王所封出的称"君"，如孟尝君、春申君、信陵君、平原君等。战国时已取租税，此种被封之君叫"封君"，一户有20万资本，当时封一贵族（君）可得1000户之租税。太史公认为一位经商者所得之收入，与封君之收入相同时，此商人即等于封君，故称之为"素封"。太史公计算，养250匹彘，一年亦可得20万资本（公孙宏家亦养彘），就可生活了。又如养鱼、种枣树，太史公均加以计算，如种1000株粟，种竹则1000亩等等。太史公所记述的，可分类为：

（一）食品：酱油、米、盐、鱼等。

（二）工艺品：木、铜、竹、铁器等。

（三）原料：革、丝、纻、药草等。

古代经商者，例如一种橘者，收、送、装运、推销均由其一人经管，故需要很多人手。

汉代货币，"一金"即一立方寸的金，等于一万钱，即两种货币是一与万之比，比数极大。

当时最高的官俸是一年2000石，但平常八口之家只有100石收入，尚要除去赋税。在衙门做最小的职位得俸100石，可当作一种田人看，但不必缴租了。汉代规定的赋税是十五分之一，但实际征收的税只有三十分之一。两千年前，中国人已知道规定一律平等的赋税了，为世界各国所无，且赋税极轻。

后来汉代人觉得收入100石不够开支，汉代除租税外，尚有服役，即义务劳动，如不愿服役，则每200文钱可代一役。此外尚有人口税，如不能负担人口税时，则他自己可以把公民身份卖给贵族（富翁）为奴，该富翁则加倍为此人付人口税，为240文。这些为奴的为主人做事，如去外地运送、推销货物。这些人生活极好，衣丝乘车，做事很能干，女奴则着华服唱歌跳舞以娱嘉宾。

但有的人不肯为奴，因此有"亡命"，即由有登记的甲地逃至乙地，负担就逃避了。当时并无旅馆，但当地有一招留的人，此种人叫"侠"，由侠窝藏包庇亡命者，如被政府发现，则一同受罪。这些亡命者为报答主人，就拦路去抢货财，并烧炭、铸钱，或盗古坟、养鱼等，从事一种不正常的生产，地方上不敢干涉他，因他们人多势强，这些主人即"游侠"。如太史公撰有《游侠列传》，且特别注意其中的大游侠郭解。有一人住在郭解附近，但轻视郭，并用眼斜视，但出不起役钱，不过并没有人要他服三年劳役，原来是郭君替他出了钱，这人才受感动，才尊敬郭君。

汉文帝极为俭省，当时众官员亦俭朴，皇后的服装还不如待出卖的女奴的衣服美，可见当时社会之奢侈。后来战乱时，甚至有皇族的人向富商借债。

汉初社会富有活力，如近代西方一般。但中国人觉此种生活并不安顿，因此到汉代以后，士再抬头。

第五章
汉代之经济情况

一、汉代轻徭薄赋

所谓"徭""赋"者,"徭"是役,"赋"是田租。汉时的人贫富不均,当时有"货殖"与"游侠"两类人,后者则为不正当的奸利,因此有一部分人出来主张重农抑商。商人代表社会上的资产阶级,农民则为劳动者。晁错属法家,董仲舒属儒家,他们均主张重农抑商。

董仲舒是一种"轨物主义",即主张经济生活应有标准与限度,人的生活不能高过某一水准,不然生活会趋于不道德与骄纵,但也不可低过某一标准,否则便不能过活。以"礼"为标准和准则,此即西方人的所谓"法",高于或低于某一特定标准的人,便无法再施以礼乐教化。故经济要有一限度,要纳之于轨物,使合于一标准。此制在汉武帝时就正式推行,其中最重要之一项为盐铁国营。

由于盐铁为每一国民所必需，故不让私人独占，否则会出大毛病，因此盐铁要由政府官卖国营。这政策可合近代欧洲之国家社会主义，由国家来统制办理是合理的。中国在两千年前即有此种政策，且自汉至清代，政府对某几种商业是永远控制的，特别是盐，有盐政，盐务由专人管理。此为中国不能产生大资本家的原因。

又如当时运采，由南方至北方，名叫漕运，政府有专人管理运输。

中国古代有耕地，但有一种非耕地，为不开放的禁地，包括山泽。非耕地也开放而抽税，政府设置二机构来处理这些事务，即为：

大司农——管理收耕地的税。

少府——专收山泽的税，为王室所用。

故中国并不似法王路易所说"朕即国家"，因皇帝与政府的财库是分开管理而使用，即"天下者，天下人之天下也，非一人之天下也"，是不专制的。

二、汉代之经济政策

汉代之经济政策很切合当代社会主义之模型。

井田制度实施时，土地所有权在贵族（包括耕地与禁地，禁地包括山林池泽，为虞、衡所管），后来土地所有权转移，土地可以自由买卖，于是有了兼并，成了"耕者有其田"了。政府认地不认人，只收租税，这只是指耕地而言，但禁地的所有权并未转移，有人私入禁地去谋生，叫做"奸利"。开始时政府称其为盗贼，因不易除灭，故设立关口向其征税，但这些禁地仍属贵族。

农租是政府的收入，是公的，由大司农管；商税是皇家的，是私的，由少府管。可见两千年前的政治已很进步，即在经济上，两者已分开了。

当时人们以为农租大，商租小，但事实不然。如封于江苏的吴王，一方面有海水可煮盐，一方面有铜矿可铸钱，叫做"吴王钱"，因此吴王极富有，比汉皇室还富，因此要造反了。

汉武帝一攻打匈奴，大司农的钱用完了，但政府制度不能改变，税收不能增加，因为祖宗的法不能改，因此汉武帝将皇家私款捐出来，并号召大家慷慨捐输。当时有卜式响应武帝号召，慷慨捐输。卜式原来是牧羊的，武帝即令其在上林牧羊，羊养得很肥，武帝问其故，卜式答道："管理政治也不过如此。"后武帝封其官至九卿。但当时亦有富人不肯捐输的，武帝就说，山林泽海均是皇家私产，下令收回，自己烧盐开矿来捐给政府。于是烧盐处派盐官，铸铁处派铁官，因此盐铁商人失败了。

汉武帝时的盐官可能专卖的性质多，国营的性质少。

汉昭帝时的政府召集各地代表开大会讨论盐铁政策，中央出席代表为大司农。其中有一代表将所讨论的事项记录下来，即是桓宽的《盐铁论》，一直留传至今。

武帝盐铁政策的背景，起自农租与商税，可与今日之经济政策会通比较。民间反对盐铁国营，因为当时人民无法找到铁制的小型农具，但最重要的是反对其经济理论。

太史公司马迁的《史记·货殖列传》中说，经济政策有五种：

（一）太上因之，

（二）其次利道之，

（三）其次教诲之，

（四）其次整齐之，

（五）其次与之争。

其中最高的政策是"因之"，即完全放任。"利道"者，是开了利来领导它，政府从旁协助。再次是"教诲之"，光是教并不好，因政府的智慧有限。"整齐"是一种计划经济，使一切经济事业齐头平均发展。"与之争"是政府抢民间的生意，即是与民争利，一切产业与生意全部为公。

太史公的理论是根据心理学，因大家都为自己，故最好让私人自由。此理论为针对盐铁政策而发，这是道家思想，但不反对物质文明。

晁错是法家，主张重农抑商；董仲舒是儒家，讲教诲，讲礼。

自封建制度破坏后，中国有士农工商四民。战国时期出了两种富人，当时富的条件要靠人力，耕种、制造、买卖、运输都一手包办，造成的两种富人为《货殖列传》与《游侠列传》中所说的。等到实行盐铁国营，政府讲法治，上述两种富人均被打垮了。即战国时期有四民，秦汉时期工商人发展太快，武帝时给工商人以打击，但农人永远没有变。

三、汉代之读书人——士

士在战国时叫"游士"，是活动分子。到了秦统一中国，士不能活动了，活动范围狭小了。

战国时代礼贤重士，社会自由发展而产生工商业，因此跑出游侠与货殖两种人。

汉代仍为四民社会，但以商人最为活跃。等到武帝用经济政策压迫商人，商人、武人无地位了，于是武帝重用士。自此以后，秦始皇以前的贵族政权没落，汉高祖时实施平民政权，故武帝时成为"士人政府"，此后一直到清代均如此。

读书人做官年俸2000石，等于大地主（以100亩可收租3石计，要七八万亩地才能收到2000石之数）。当时对商人有苛刻的条件和限制。汉代有两种制度，一种是"算缗"，此是一种资本税，由商人自己呈报，叫"自占"。即有2000钱资本者，政府要收120钱，这是营业税而非所得税。如不呈报或呈报不实者，可由别人告发，而全部财产充公，其半数则送给告密者，称为"告缗"。这是一种坏制度，近代孙中山先生的平均地权有点近似于仿效此法。

自汉武帝时的士人政府开始，士正式成为四民之首。当时晁错所采用的重农抑商政策，是以政治领导经济，以学术领导政治（美国以学者身份做大总统的可以说只有威尔逊一人）。

综上言之，春秋时期是封建社会，战国则是变动的时期，到了汉武帝时则变成士为四民之首的社会，当时有言曰："遗子黄金满籝，不如一经。"①

由于限止商人，故不能成为资本主义。但战国时已有商业，中国的丝织品，当时曾推销到欧洲罗马去，但不能过分发展。

从前的社会分为贵族与平民两种。贵族宗法是由长子永远世袭卿位，其余次子中有做大夫的，大夫位置亦永远由长子世袭，大夫之次子则为士。所谓"敬宗恤族"，即大宗要永远照顾到其他各族。

《大学》中所说的"齐家"是指千乘之家，非指五口之家的小家庭。当时大家族中没有人生产或做工经商，而养有大批奴隶。

到了汉代，都是小家庭了，不是宗法的，而变成经济的了。

---

① 《汉书·韦贤传》。

有钱可雇用奴隶，如有800名奴隶帮其做事，但这800人均各有家，因为付不起人口税而逃避政府，政府只向地主收取，且是加倍收税。但这些奴隶与罗马的不同，是自由的，是商业团体合伙的伙计而已。但人的聪明才智各有不同，并且努力的程度不同，故又会分出高下，那是必然之事。这是天生的、自然的不平等，所以有所不同了。

四、汉代以下之士族

春秋之学在王官，战国时期则是社会私家讲学。汉武帝以下，有国立太学，郡国有地方学考试及察举。

春秋时代，宗教与学术不分，宗庙即是学府。当时的学术，贵族反而不及平民。到战国时代有先秦诸子出，有私家自由讲学，当时称为"游士"，但没有学校。汉武帝时开始，中央有国立太学，地方上的郡国有学校，县亦有学校。汉代时有国家办学校，有考试和选举，年龄到18岁的可由地方保送至太学读书，即成"太学生"。太学中的讲座先生叫"博士"，一年可毕业。应试者可选甲科或乙科，甲科毕业的可做郎，即担任中央侍卫；乙科毕业的做吏，可担任地方行政人员。

郎分发出去任各级长官之前，均须先在皇宫中做侍卫，然后再分发到各地方去做官。如果任吏的成绩优良，便可受察举而做郎，每一地方每年可察举一至二人去中央政府做郎，可见政府官员都是从郎中加以选任，这便称为"士人政府"。所以自武帝以后，中国读书人（即士人）的地位提高了，中产阶级的农、工、商地位亦不如士，军人不再打仗，出路没有了，贵族也没有了。故这个社会可称为是士中心的社会，是由士领导的社会，由汉代直到清末，都是如此。

今日的社会已在变型中，后果则不可知，是照中国原来的传统呢，还是照资本主义抑或马克思主义？已不可知矣！如果照传统的理想，是以学术来领导政治，由政治来控制经济。

士在战国时期的活动力很强，一个士的手下可以有数十甚至数百人来跟他学习，各国均看重他。士的生活优美，但他们是平民，是小家庭，不如卿一般有百乘、千乘之家。但在汉代大一统的政府之下，游士没有了活动的余地，战国时有人养士，而自汉代开始士已没有凭借了，变成半耕半读了，即是做农民在乡间读书。中国的农民在冬天闲了，即农隙时期，就可做学问。此外尚有牧豕的公孙宏、樵柴的朱买臣，均在生活空闲时做学问。这是武帝以前的情况。

到了汉武帝以后，士人政府出现，读书人阔了，可做大官，政府均由读书人参政。汉代的三公九卿，地方的郡太守，其年俸均为2000石，照当时的米价100文一石来算，2000石即20万文，等于二十金（即20斤黄金）。太史公在《货殖列传》中说，汉代封千户侯的，岁入共20万，这叫"封君"，汉代所以给一大官2000石俸，等于封他一个千户侯。但其不同之处是，千户侯是贵族，可世袭，但不问政治；而官员非贵族，不能世袭，只是做政治上的官。汉文帝说："百金，中人十家之产也（中人指中等人家）。"[①] 汉时人有10万文钱者可算是中产之家，故做官有20万文等于两个中产之家。做官的可富而且贵，因当时人们不愿去经商，而愿意上太学。因此武帝以后，社会上聪明的人都到学校去求学了。

汉代有103郡，每郡有一太守，再加上中央的三公九卿，还有其他的大官，至少有110人以上，且每隔数年要换。如此经过数十

[①]《汉书·文帝纪赞》。

年后，做大官的读书人之家均变成阔的家庭了，士的社会地位提高，经济状态改善了。

古代贵族家庭，照周公定的宗法，平民社会是一家五口至八口，以一夫一妻为主，可有三代。

士人在国立太学读"五经"，就读到周公的宗法。汉代的读书人有了钱后，来倡导敬宗恤族的事，其中一子做官有了钱，在家中替父立庙造坟，要去祭，于是二子、三子与长子均一同祭，这便成了"通财"的一个团体。所谓"家累千金，尽散九族"，把钱均分给兄弟儿女诸人了。故自汉代以后，士人渐渐成了"士族"，所谓"聚族而居"。此与古代贵族有所不同，古代贵族是周公所封，封建社会破坏后只有平民社会了，这并非是政府所封，是非世袭的。但这种士族形成后，子孙读书便容易了，因此这一族的子孙进入太学及入政府做事的机会便增加了。因而一个家族中读书人多，做官的便多，后来在当地成了大姓，即成了士族，附近的小家也因此永远爬不起来。这些大家族后来又从士族演变成"门第"，或称为"门阀"。

"门第"者，即一个家族数百年下来均读书做官，有了家族渊源。门第必定有"郡望"，汉代就有考试与选举制，而且是分区选举，一郡中20万人可选一位，如郡中有100万人者，便可举出五人，这是公平的分配。每年由每一郡举人至中央政府，举出去的人在中央政府任职，由于其祖先家族本来在中央便有很多人做官，人人都知道，这就叫"郡望"。因此两家门第互相配亲，自此政府和社会的中心势力就都落入门第手中了。这并非政府使他们这一族有此特权，这一族就称为"书香传家"。

之所以造成这种风气现象，是由于除了门第外，不易找到书籍，而且选举有舞弊，讲人情和关系，因此全国皆成了门第的势力，且是根深蒂固的。

西汉开始有士族，东汉开始有门第，这与经济不相干。这社会的演进是：从四民社会到郎吏（士族）社会，再进到门第社会，但这均是以士为中心的社会。我们可称门第为新的贵族。战国时这种社会，是平流竞进的、活泼的、生动的，人人可各找出路，均可往前，有进取，有前途。这社会一直到产生士人政府和门第才又趋于安定，但这并非由经济决定。

第六章
魏晋时期的门第社会

社会的分期是相当难的。关于魏晋以下门第社会的成立,先要说一说汉武帝以后。此一时期士人政府的政治意识,因由半耕半读中产生,故他们走的是社会主义的路,重农抑商,要求社会经济平等,生活有理想秩序。

王莽之新政府最重要的即经济政策,他主张"王田"制度,即土地收归国有后再分配,即是要恢复古代的井田制度。王莽时有盐铁官卖,又废止货币,认为资本由于货币而形成贫富不均。

王莽失败后,东汉初,士的地位日高,但商人依然存在,其中有自然的突出者叫做"豪人"("豪"者,原意为动物身上毛之长者)。东汉时期仍是贫富不均,一个家不易有世袭性,但一个大的士族则容易延续而带有世袭性。总之,门第社会产生后,商人仍有其势力。

自东汉到魏晋,又发生极大的变化,这变是在农民身上,是农民身份的变。在当时无不是身份之高下看经济状况之好坏,农民的生活总是清苦的，但身份与商人相同，同样要纳税、尽义务、当兵，但不能说他们是农奴。

东汉末年大乱，有黄巾之乱，又有董卓之乱，后有袁绍、公孙瓒、吕布、曹操、孙策等起来互相攻击，当时的中央政府徒具虚名。但这同战国时期的乱局并不相同，到了三国时期，就比较像样了。赤壁之战前的大乱，已无中央政府，到处是军队，农民只有参战才有生活。此时已有豪姓大族，各自筑有堡垒以保护自己，称为"坞"。有农民逃入坞中投靠坞主，以保全性命，坞主便有了更多的壮丁，有了更大的自卫力量。荒乱时便集体迁居到某山某地，而由坞主领导，他手下常拥有两三千壮丁，女人织布，这批人都变成豪姓大族的私属。

此时没有中央政府和地方政府，任由自生自灭，农民归附这些强姓大族，如典韦手下就有两三千人，袁绍及曹操均拉拢他参加自己集团，许褚等亦是手下拥有数千壮丁且附有家庭。这是新政权的形成，即豪姓大族有了私属户和私家兵，这些私属户和私家兵身份不同了，叫做"部曲"。"部曲"者，军队的队伍也，壮丁编入自卫队伍，当时称"部曲"。此为三国时特有的名称，相当于奴隶的身份。如某人投奔曹操时带部曲同去，曹操便封其一官，但部曲仍属于原来的主人。

此时中国只有军队而没有农民了，军队也缺粮草，甚至只吃桑葚充饥。袁绍、袁术的军队驻扎近湖边，便以蚌充饥。此时有曹操出来，手下有人献策，用600人去打仗，派300人去种田，用此方法使粮食足够而统一了天下。这叫"屯田"，这些兵叫"屯田兵"，当年蜀国的诸葛亮在五丈原屯田便是学自曹操。但屯田兵的身份与农民不同。

强宗大族以坞壁自卫，有农民来投靠，形成部曲与私属户。

彼时群雄并起，但这些高级军阀（州牧）逐渐形成了新政权。当时的农民有两条出路，一是投靠群雄，成为群雄军队的一分子；一是投靠强宗大族，成为部曲。但强宗大族的部曲最后的出路亦是投靠群雄，只是仍属于原来的部曲领导所统管。民众非公的，而是属于某一势力集团的，这事实上是近于一般性的封建。

如当时的董卓遭受东方十八州牧进攻，逃到郿坞以自卫，城外的人耕种纳粮，但遭受匪乱时则可逃入城中受到保护，双方是订立契约的。群雄的军队中就分出一部分用来屯田，如邓艾屯兵于淮水，淮北2万人，淮南3万人，其中有1万兵轮番种田，种出的粮供给5万人吃尚有剩余。当时曹操、诸葛亮和孙权都照此办法实行屯田。

门第来源自东汉，因东汉时有察举（选举）制度，读书人才有被选的资格。古代的书因未有快速的印刷，造用很不方便，要用传抄，十分困难，因此造就了"累世经学"的家族，便成了"累世公卿"。其次，因为选举是分区的，门第要有郡望的才可以分配在各地。像东汉末年，袁绍是一大门第，其家中"四世五公"，即是高、曾、祖、父四代主人都是做过公的，且是"五户三公"，即是要有兄弟都做过公的，如孔融家族便是。

经过东汉末年的大乱，有很多平民归附到大家庭里面去，成为所谓"私属"。晋朝统一后，不久又有五胡之乱，造成中国民族的大迁徙，叫做"衣冠渡江"，都是有地位的读书人，家人跟随逃的亦变成私属户。故此种风气不但没有矫正，反而变本加厉。西晋末年之乱与汉末之乱时，均有大批人跟着逃亡。留在北方的寒门单户均去投靠强宗大族，到西晋五胡之乱以后的南北朝，就成为家庭。

春秋时期有五口之家、平民之家与贵族之家并存，到战国时期，贵族之家遭受到破坏，只剩下五口之家。在这些家中产生商人，家有家奴数百或上千的，造成经济不平等。但经汉武帝实行盐铁政策以后，就有了士族，即由读书人来组织家庭，来组织政府，来敬宗恤族，来建造宗庙和坟墓。

士人的势力在地方上扩大了，形成了士族。即五户或八户之间，每一户与其他户之间均有礼法，最重要的是经济条件与教育条件。自东汉以来就有此情形，即一家之下包含多个小家（即部曲），小家变成很多姓的家庭集团，如琅琊诸葛氏，家世二千石，诸葛孔明三兄弟各自投奔三国时的一国。

魏蜀吴三国时期在长江南北均有大门第。孙吴时在南京有陆与顾两大家，直至今日尚没有衰落，这就要讲到优生学了。又如孔子直到今天也没有断代，而是代代相传，宋时有大乱，孔氏未及逃出，但逃出其中两家弟兄，到了浙江境内。孔氏以前可讲到商汤，至少是有四千年血统历史的家族，同根共族，犹如一棵大神木。陆、顾为孙权在江东时的两大家，又如从北方逃到南方的王、谢，所谓"旧时王谢堂前燕，飞入寻常百姓家"就是指此。这些大家庭都是讲文化礼法教育的。

中国几千年来素有户口册，用黄纸编成的叫"黄册"，当时叫"黄籍"。当时从北方逃到南方的叫"侨户"，即暗示将来时局平静后要归回中原的，用的是"白籍"，即是"白册子"。北方人到南方后，除侨户外，尚有"侨郡"。后来东晋及宋、齐、梁、陈四朝重立制度，叫做"土断"，即自北方来南方的人，要与土著受同样待遇。之前为了优待侨户，不征收他的赋税。后来有士、庶之分，士是受优待的，庶则是要缴赋税的。

所谓的"白丁"，即是在"白籍"上的丁。"土断"是重写册子，侨户都要纳赋税、服劳役，但对士则优待，庶才需要纳税服役。

南朝时为整理户口册，经历过几次大变乱，因此中国社会成为有流品而无阶级的，只有身份与待遇的不同。只要察看写在不同的黄籍或白籍上，便知有所不同。

第七章
魏晋南北朝的制度

一、魏晋的屯田制

屯田制度古代已有，汉代打匈奴时已有移民殖边，是武装的、集体的垦殖，如此种田便叫"屯田"。

西汉赵充国是古代的屯田专家，在宁夏、青海一带，由于羌人见到中国军队就散开逃走，无法将之消灭，因此军队只得驻下来在当地屯田。士兵在当地屯田，使经济与武装相结合，即古代是专为边防而有屯田。

三国时则是在内地屯田，曹操在许昌屯田，诸葛孔明本来运补给要经过栈道，运用木牛流马，很不方便，故改在五丈原屯田。

屯田兵的身份与农夫不同：（一）屯田兵没有田，即不是自己的田。（二）屯田兵受群雄的兵饷，所种的如有剩余均须缴公，与原来农民之纳粮不同，兵只能供自己温饱。

汉时有县令（小县叫县长），但三国时改成以屯田都尉来管理屯田兵，此时并无县衙门。这是中国历史上的大变化。当时有兵众而无民众，人民仍是有的，但都是老弱者。当时是兵的世界，老弱者已被强宗大族所抛弃，令其脱离部曲而成自由人。这时候，这些老弱者便成了国家的公民。

到了晋代，除去屯田都尉的名义而改成县令，此即由军政府时期进而成为民政府时期。晋武帝又废兵，这是做对了，即将屯田兵转变为农民的身份。但纳税额却要提高至百分之六十至八十，普通要纳百分之七十的税。

此时屯田兵废止了，但强宗大族不愿交出部曲，并且当时仍有很多人民愿意投靠强宗大族。每当强宗大族迁居于一地时，随时有成千上万的部曲，政府也承认他们的迁居，并准许以原来的居地命名，叫做"侨郡"。这便是当时的新封建、新贵族。此时中国已有传统的中央政府，但急切不能下手，政府只有缓图。故这时候，我们可叫它做"门第社会"，这是经过汉代、魏晋南北朝的大乱而形成的。此时的人都愿投靠强宗大族而做私户，这就是"封建"，是只有私而没有公的。

二、魏晋南北朝的九品中正制

门第并无政治特权，因为官禄并不世袭，于是当时就有了九品中正制度。

简单地说，历代的仕途是：春秋是贵族世袭，战国是游士，汉代是郎吏察举。三国时天下乱，无地方政府，故不能实行察举及乡举里选，于是有九品中正制度，这也是曹操时所有。唐代及以后则是科举制度。

所谓"九品中正",按当时所订定,即将人分成九等,作为用人的标准,即是:

上品的分为上上、中上、下上三品,

中品的分为上中、中中、下中三品,

下品的分为上下、中下、下下三品。

将人的姓名连品级写于簿上,三年换写一次,政府便按照簿上所载品级任用为官。但后来出了毛病,是因为不中正了,变成了"上品无寒门,下品无贵族",因此贵族总是占便宜。有人说,魏晋南北朝有九品中正制度,因而产生了门第。其实,是先有门第,九品中正是以门第为护符的(门第的产生另有原因,如前所述,此不再赘)。大门第的子弟,政府虽并不给予其世袭特权,但他们永远是上品阶级,故在政治上永远得意。门第有较优势力而并非有特权,政府法律是平等的。

社会上层是士族门第,下层是农民,按照当时的法律,农民与读书人身份平等。但在三国以后,农民的身份地位降下去了,一种私的做了门第的部曲,公的则做了政府的屯田兵。天下太平后,由兵恢复为农民,可是田租并不给减(汉代田租是十五分之一至三十分之一,此时则是百分之六十至八十),部曲也要帮主人(指门第主人)种田,田租亦与上述相同。因此农民认为与其做政府的公民,不如去做大门第的部曲。部曲在公家没有身份,是私属户,因为大门第可保护他,故称"荫户",另外的则称"露户"。

门第之特点是有许多私属户与荫户,政府当然要想办法。于是魏晋南北朝时,政府与门第双方均争取民众,因此政府实行"占田"制度。此制本为西周时所定,即是限止大门第只能占有有限的田,使之不能多容纳荫户。可是西周即亡,此制未有成果。到东晋时有了"土断",从北方来的侨置州郡,在南方由政府优待,是一种暂行办法,但"土断"主要是整理户籍。当时分为"士"与"庶","士"是门第,政府对其有优待条件,至于"庶"则要为政府服役。"庶"如在册上改成"士",即可逃避一切赋税和劳役,遂有了舞弊。此制在南朝始终不能为政府争取到民众,倒是北朝政府争取民众胜利了。

三、北朝的三长制

北魏孝文帝时,听了南方官员的意见,将田租减轻,并设立"三长制"。

三长制是先要调查户口,然后实行均田制,先由人民向政府报上户口,再由政府配给土地。当时田多人少,这种授田制可说是井田制度的复活(井田制即土地国有,由政府授人民以田,将来要还),并非"耕者有其田"。如田变为私产,即可自由买卖,又可兼并,甚至造成贫富不均。

汉代的问题是政府要优待耕户,但耕户将地卖给地主,因此地主占了便宜。耕户一面要向地主纳百分之五十的税,一面要缴三十分之一给政府。政府取税轻,但有半数给地主取去了,地主是不劳而获,这是地主与耕户间讲好的条件。反之,即变成土地国有,平均分配,可是田租要抽百分之六十至八十,农民反而不愿意。

所以平均分配最主要之优点即是减轻田租,北魏孝文帝首先推行此政策,由百分之六十减至三十分之一。

四、晋朝与北朝的兵制

晋朝后来想出募兵制，是为东晋之"北府兵"，当时打败苻坚全靠这种募兵，但后来东晋的募兵却变成暮气沉沉了。

当时北方的五胡军队是部族兵，壮丁即是军队。胡人不要中国人当兵，只可做签兵，是三丁抽一或五丁抽一，是杂牌军。即胡人的军队是杂牌凑成的，但当时东晋的募兵是整齐划一的。

苻坚要灭晋，召集了一百至二百万的军兵，到了皖地淝水。某日苻坚登山见晋国军队军容极盛，旗帜鲜明，一仗就败了。何以三万之众能胜百万之军？因前者是招募来的，有训练的，而后者都是杂牌军，是乱成一堆的乌合之众。

北朝有了均田制，亦将农民分成九级，成立了府兵制，即是由自己向政府报上去是否肯当兵。规定上、中等的才可当兵，当兵的可免税，因为自己要养马并制备军服，打仗立功后仍可种田，并且有奖赏。这是为要使经济与武装配合起来。

当时北朝只有北人才可当兵。北周则倡府兵制，不过限于上、中等的才可当兵。北朝的军事与经济配合，故统一了南朝。

第八章
魏晋南北朝时佛教的传入

魏晋南北朝时佛教传入中国。

中西社会不同之点是中国社会有宗法，有族制，但无宗教。普通讲佛教是一种思想信仰，往往在乱世时侵入。唐代很富强，但佛教很盛；宋代衰落了，宗教却不发达。故宗教的盛衰，在历史上看，不是与时代兴衰成正比，而是社会性的。

宗教在社会上有两大意义：

一是经济的。当人们无法生活时便去投奔门第当部曲，此时人民亦可投奔佛寺，因为国王与大门第均信佛教，叫做"护法"。此时期社会上有两大力量，即门第与佛寺。此时期之社会结构是政府之下有佛寺与门第，再而是基层民众，即上面是有统一政府，故与西方中古时期不同。此时期有门第与佛寺，造成社会不平等，佛寺之经济力量大如大门第。上述三者均受政府保护。人民可向佛寺借款，佛寺之抵押并不以盈利为目的，而是为了济贫，且又有施舍，更重要的则是其教育事业。

二是教育的。当时的佛寺除办慈善事业外,就是办教育,使人人都有接受教育的机会。但魏晋南北朝时天下大乱,要到宋、齐、梁、陈政府再设立学校时才可受教育。当时的人民是分等级的,教育是封闭的、不公开的。由于门第的教育是封闭的,所以只有门第可以成为"累世经学"和"累世公卿"。当时有所谓"王氏青箱",将长辈所教导的做官的方法都收藏起来,不能随便让人看,因小孩见了便会懂得如何做官,而只让人读一般的经书,则不会懂得如何做官。但平民亦喜欢受教育,此时便有僧寺可以给予平民公开的教育。当僧侣教你读书时,便同时教你信仰佛教,并且当你在佛寺内读书时,是供给生活的。

当宗教与社会脱节时,佛教就衰落,但此时之佛教可弥补社会的两个缺点。中国僧寺与西方的教堂有所不同,藏书也不同,僧寺有历史、文学的书。所以中国的知识分子跑进僧寺,西方则是由教堂放出学术空气。

西洋的封建有贵族、有教堂,西洋的中古时期有新城市产生。中国的城市则永远没有毁灭,如广州有两千年历史。黄巢之乱时被毁之书、被杀之人数以十万计,金兀术军队渡江,在苏州城杀死50万人,但其城今日依然存在无恙。

第九章
中古时期之中国城市

一、中国城市之特征

中国城市的特征甚多。首先，中国城市是长时期存在的。普通来说，中国任一个城市即有两千年以上的历史。

其次，中国的城市是兼为政治中心与经济中心的。此与西方不同，西洋的城市，商业并不与政治连在一起。

第三，从经济方面言，它是乡村物资的集散中心。城市与乡村互为依存，因中国是一个农业社会。西方的城市则是一种向海外发展的纯工商业，是海洋经济，而非自给自足的大陆经济。今日的世界，美、苏、中为三大自给自足的国家，将来的国家是由海洋经济变成大陆经济。农业依存于土地而非机械，中国因地理关系而较早发展。

六朝时以南京城为中心城市，六朝的吴、东晋、宋、齐、梁、陈都是建都南京，因此叫"六朝金粉"。孙权时，南京城已很像样，东晋宰相王导曾将南京重新整顿。讲都市应与市政连在一起讲。在中国历史上，市政问题大可以做研究，城市皆有其设计与规划。南京城的路是曲折的，将直变为曲折，北方人认为不好，但王导的设计有其优点，即使地方小，但也感觉到是大了，这是王导的了不得之处。英国城市的路亦是纡曲的，因为地方小，也是为了市容，故意要把路弄曲折。

南京的商业极盛，有"大桁"（即浮桥），所谓"南朝四百八十寺，多少楼台烟雨中"是也。在《梁书·侯景传》中描写破坏南京城，可想见当时之繁荣景况。

又如广州，历史上最早称为"番禺"，商业极盛。当时有个说法，说到广州做官必可发财。《南齐书》中云："广州刺史但经城门一过，便得三千万（即三千斤金）。"① 因做商业的在城门口要抽税，收税一天即可获得三千。

中国的城市不仅是政治中心，同时亦是宗教中心，城市及其周围到处都建有寺院，例如九龙青山现在还可见到南朝时建的寺庙。此时由于庵寺兴盛，故当时的九龙和香港已相当热闹了，那时已建有青山寺，后又有车公反抗蒙军，可见当时已有很多群众。当时的九龙城已设有政府，名叫"衙前卫道"。

二、中国的四个大城市

中国大城市有四个。

首先是北京，古代并不大，近千年来才扩大了。

---

① 《南齐书·王琨传》。

其次是南京。南京向来是大城市，梁武帝时南京城的直径是40里，当时有28万户口。

再说古代的大城市有长安（西汉）和洛阳（东汉）。三国时，洛阳城残破，有董卓军进入，十八州牧攻入，洛阳被焚。北朝建都大同，孝文帝迁都洛阳，洛阳就重建而复兴。有一书叫《洛阳伽蓝记》，是佛教的书，在此书中，我们可看出洛阳当时的气势和面貌。

洛阳城可分成八大区域，东有通商、达货二里（商业），西有退酤、治觞二里（宴酒），南有调音、乐律二里（娱乐），北有慈孝、奉终二里（丧事），另有准财、金肆二里（银行、当铺）。我国城市多分成若干区域经营其业务，如杭州是从汴州搬去的，具有北方商店的规模，即经营同一类业务的店铺都设在同一条街。

住在洛阳的外国人很多，可称为国际都市，自新疆迁来者达万余户，书上说西夷"附化之民，万有余家"，便是指此。

洛阳附近，城内城外有千余寺庙，即书上所说，"京城表里，凡有一千余寺"。其中最大的是永宁寺，中有一浮屠（塔），凡九层，高90丈，上有刹，又10丈，共1000尺，百里外即可见此塔。塔顶上挂的瓶，可容25石，瓶下有承露金盘，有30重（套），四周有金铎，全塔共挂有120个铎。塔有四面，每面有三门六窗，门是金漆的，窗上挂小铃，全塔共有5400个铃。此寺有僧房楼观1000余间，据说有一外国和尚曾游观各国，但未见有如此伟大之寺庙。

又有永明寺，住有百国沙门3000余人。其中有一尼姑庵，叫瑶光寺，有讲堂、尼房500余间。此寺有一释迦佛，每年四月四日要巡游街道，极为热闹。"至于大斋，常设女乐。歌声绕梁，舞袖徐转，丝管寥亮，谐妙入神。以是尼寺，丈夫不得入，得往观者，以为至天堂。"①

洛阳所有的寺众可能达10万人,皆不事生产,以千余寺庙来想象洛阳的大街,可见此城规模之伟大。

写《洛阳伽蓝记》者,记一入洛阳之所见,但当他离去时,已经是"今日寮廓,钟声罕闻",因有北朝尔朱荣攻入。据历史记载,北朝时有僧尼200万,寺庙4万所,可见社会之富足,且其中有千余寺庙在中央之洛阳,僧寺可代表当时之繁华情况。

伊水附近有伊阙("阙"者,两边是高的,中间有一洛水流过,有一条路),附近有龙门石窟,共有3窟,共用了80万工人。比龙门石窟更早的,有大同的云冈石窟,云冈有5所,最高的石像有70尺,矮的也有60尺高。

借着这些佛教的建筑,可以想象当时南北朝的工商业之兴盛,可见此时的中国并非是封建社会的经济。西方罗马时期,确是受罗马皇帝的压迫,要听耶稣讲的道,只能在地下洞中工作,那才是真正的封建与奴隶。

僧寺必须有社会经济养它,这社会在经济繁荣下,宗教、文学、艺术、建筑均极为进步。即是说魏晋南北朝的一切均是社会性而公开的了,而不是像汉代的艺术般埋藏在坟墓中。

《魏书》记载克东阳,只是一个小城而已,打胜仗要报功,共获"仓粟八十五万斛,米三千斛,弓九千张,箭十八万八千,刀二万二千四百,甲胄各三千三百,铜五千斤,钱十五万","城内户八千六百,口四万一千,吴蛮户三百余"。② 可见其经济状况之繁荣。

---

① 《洛阳伽蓝记》卷一。
② 《魏书·慕容白曜传》。

三、中国社会的共同特点

中国的任何社会均有其共同点,如春秋是贵族社会,战国是游士社会,两汉是郎吏社会,魏晋南北朝是门第社会,唐代是科举社会等。以上各社会均有共同点,即均有统一的政府。

马克思认为资本主义社会中无民主,其实,马克思所见之资本主义只是见其小而未见其大。他批评工厂资本家剥削劳工之现象,今日已改变了。马克思认为社会之进化是由渔猎社会进而耕稼社会,再而工商社会,而将农民搁置不谈。这是一大漏洞,如中国,占人口大多数的是农民。

斯大林提倡打倒帝国主义,组织国际,不倡国家。今苏俄之能存在,是靠"打倒帝国主义"的口号,其实苏俄正是最厉害的帝国主义。苏俄剥削卫星国利益,与英、法剥削殖民地是同一办法。中国之经济所以繁荣(这指200年前的经济),是由于政治控制,若照生活上的享用说,是高于英、美各国的。

中国社会进展至工商业时期,但农业仍在。英国的商业以工业为基础,故要先讲社会学。

有一人说,"公卿社会""士社会""庶民社会"为社会三时期。陕西有一位先生说:"士农工商为古代的称呼,现在有一种新的士,这士包括农、工、商。"梁任公(梁启超)的朋友夏曾佑在北京大学任教时写中国历史教科书,只写到魏晋南北朝,他说中国自宋以下可称为"科举社会"。

中国自汉代起,选举制度是分区的,中央政府容纳各地区的人民参政,叫做"乡举里选"。因为是分科的考,"举"是选举,即"科举"也。

杜佑《通典》专说中国的政制,内有"选举篇",说科举考试是古代之选举变出来的。"怀牒自列"者，必须要身家清白。科举制度维持了中国一千年的安定。

四、汉唐的郎吏社会和科举社会

任何一个国家社会，必须要有学术、生产与战斗三方面的配合方成。"学术"是思想知识，有关教育，是属于"士"的。"生产"有关赋税，是属于"农、工、商"的。"战斗"是武力，有关兵役与军队，是属于"兵"的。任何一个国家必须具备此三方面。

以此分配来思量中国社会，战国时期以前，贵族是学术与武装并重，二者皆掌握在贵族手中，平民则负责管理生产事业。战国以后，平民可管教育，也有学术，兵亦解放了，社会上各项职业成为平流竞进的。

到了汉代，进入郎吏社会，士人进入学校，进入政府。在中央政府是官长，属于"郎"；在地方政府是属吏，属于"吏"。在地方服务实习的，可选举出来进入中央政府，经考试合格后察看，然后分发任用，视服务成绩好坏而作出升黜。汉代是士人政府，十分理想，好过英、美今日的政制。天下的真理是属于历史的。

三国时代全国皆兵，成了战斗社会，是一大变动。到了门第社会，士的地位提高了，农、兵的地位则降低。

唐代则改成租庸调制，亦依旧用北朝的均田制和府兵制，再加上科举制度。社会人士均可自由参加考试，大家可公开竞选，进入政府任职，此与地方的察举制度有别。唐代的科举制是用来考验人才，并非培养人才。唐代的出路有两条，除了考试以外，还有自学校出身的，但当时的社会则看重前者。

中国历史的优点和特点是缓进而非突变。

第十章
中国的海内外交通和贸易

一、从南北朝到隋唐的海外交通

唐代有三个重要的制度：一是科举制，是有关学术文化的；二是租庸调制，是有关农、工、商的；三是府兵制，是有关战斗和军兵的。

其实，中国自古就不闭关自守，也不夜郎自大。南北朝时，北方外国人多，此时有佛教流入，由于对外交通极盛，路有两条：一为从甘肃进入玉门关，为中国与新疆（西域）间的交通，张骞曾经由葱岭到达波斯，其随从者曾到过地中海。当时罗马有了中国的丝织品和玉器，我们卖出的是人造物品，从外国买回来的是天然物品。西汉时有张骞，东汉时有班超，张骞到新疆后，才知道还有印度。另一条为从四川到云南大理，再出而至暹罗及印度。汉末大乱时，北方人逃到南方，黄河以南的人渡海到达安南（即东南亚）。

南北朝时已有外国人来华通商，经济、文化各方面均有来往。到了隋唐时，国人对海外的地理知识已很熟悉了，如隋代人裴矩作《西域图记》，书中说明自敦煌向西出去有三条通道，又如唐人贾耽著有《古今郡国县道四夷述》《皇华四达记》及《海内华夷图》等书，都与世界地理有关。清人吴承志也读到贾耽记边州入四夷道里考实及地理知识的书。又如玄奘法师，原姓陈，他从隋末出国，到唐初回国，著有《大唐西域记》。梁启超曾著《一千五百年前之中国留学生》一文，均有谈及这些史实。

关于海舶方面，中国的海上交通亦很早就有。《论语》中云："道不行，乘桴浮于海。"[①] 孔子已讲到国人可自由去海外了。战国初吴国攻打齐国是自己造船舶，从上海直航烟台。秦代时，秦始皇派徐福带一班童男童女乘船去寻求海外三神山，徐福后来不再回来，住下来之地方叫"夷洲"。三国时代已有大批人由海路去安南，可见中国航海事业很早就有。

三国末年晋国攻打吴国时，吴有长江天险，晋于四川造船而下，一条船可载2000军队，尚可在船上骑马，可见船之巨大。东晋时卢循（卢是海盗）作乱，根据地在广州，是从海路而上去攻打江苏，是用八槽舰，船有四层，高十余丈。

隋时杨素造五牙舰，船有五层，高百余尺，《通俗文》中云："吴船曰艑，晋船曰舶，长二十丈，可载六七百人。"《字林》云："舶，大船也，今江南泛海船谓之舶，昆仑及高丽皆乘之。"一条船的容量，大者可载万斛。

贞观二十二年七月，唐太宗伐高丽，在沿海造船，船长100尺，

[①] 《论语·公冶长》。

广50尺,准备次年去攻打高丽。

"舟船之盛,尽于江西,编蒲为帆,大者或数十幅,自白沙泝流而上,常待东北风,谓之潮信。……江湖语云:'水不载万',言大船不过八九千石。然大历、贞元间,有俞大娘航船最大,居者养生、送死、嫁娶,悉在其间,开巷为圃,操驾之工数百,南至江西,北至淮南,岁一往来,其利甚博。"① 有人作此小说文章,可以想见唐人的商业盛况如何矣!又有刘梦得(禹锡)的《夜闻商人船中筝》诗云:"大艑高船一百尺,新声促柱十三弦。扬州市里商人女,来占江西明月天。"也说明此时江南扬州的游船是如何的庞大了。

二、唐代的海外贸易

唐代一开始,海外交通便十分频繁,已形成了国际局面。当时已有域外交通,这域外交通可分两方面来说,一是西北的陆路交通,一是东南的海上交通。

东晋南朝时,有很多外国宗教徒来华,主要是印度的佛教徒,北朝时佛教很盛。

东晋时已有海上的军事冲突,如著名的海盗卢循捣乱。

宋、齐、梁、陈四朝,海上交通极盛,说明中国并不闭关自守。

南北朝时,我国自称蛮夷,却称印度为世界文化之中心。

隋唐时代出了很多地理学家,如隋之裴矩、唐之贾耽等均是。

中国人的海舶及海上交通的发展早于西方人,至于内河交通,《旧唐书》中云:"天下诸津,舟航所聚,旁通巴汉(指四川和襄阳),前指闽越(越指粤),七泽十薮,三江五湖,控引河洛,兼包淮海。

---

① [唐]李肇《国史补》。

弘舸巨舰，千舳万艘，交货往来，昧旦永日。"① 陆上交通叫"关"，海上交通叫"津"。我国在中古时期的海陆交通已非常发达，但西方在此时期的交通则未能如此发达。

以上谈到海上交通，便可想见唐代的商业是如何的发达了。并且我国早有发明机船，在南齐时已有了。当时有祖冲之造出千里船，可日行百余里，有人形容此千里船"不因风水，施机自运，不劳人力"②。

说起祖冲之，顺便一谈。近人陈寅恪用"孙行者"之名来对"祖冲之"，但亦有人对以"胡适之"（按钱穆先生讲到此处，顺便谈起一件趣事。当他18岁时，在家乡一小学教书，有一位同事造了一只船，可以用脚踏划行，可以说是一位现代祖冲之，一笑）。

唐代李皋做洪州（南昌）观察使时，曾造成战舰，可挟两轮合踏之，愬风破浪，疾如挂帆。

宋代有杨么在洞庭湖为海盗，他曾驶驾载军队的轮船。宋将亡时，宰相贾似道家中亦备有用机器踩踏的船。

又有王彦恢，曾制造飞吊战舰，船下装四轮，每轮有八楫，用四人管四轮，可日行千里。

谈起早期的，则有诸葛亮造木牛流马。更早期的则有墨子做木鸢，但此木鸢不能控制。

这里只讲说中国造的船已有机器，并不说明中国的科技发达，而是说明当时船的需求大而且要行走快捷，这只是证明当时商业的发达和兴盛。

---

① 《旧唐书·崔融传》。
② 《南齐书·祖冲之传》。

三、唐代的市舶使和贸易港

唐代开始有市舶使。宋末蒲寿庚曾做市舶使，日本人曾为他写了一本书，为全球研究东方历史者所传诵，此书说明了宋代的海外商业。但在中国历史上，市舶使只是一小官而已，为我人所轻视。

谈到贸易港，我国最久而最著名者厥为广州。广州为了不起的大港，当时孙中山先生主张开辟黄埔港口岸，以截断香港。唐末广州有庞勋之乱，此时广州已居住很多外侨（回民最多）。

当时中国的海上贸易除广州外，尚有交州、杭州与泉州。孙中山做临时大总统时，有一部"二十四史"，可说是重视学问的。当时孙中山主张在杭州湾开辟一港，以阻截上海租界的外国人的利益（按钱先生说，他年青时崇拜孙中山，无锡的一位友人送他一本"三民主义"的书，但他并不爱好政治活动）。

唐代时，扬州亦是一主要的贸易港，有诗云："腰缠十万贯，骑鹤上扬州。"又有"天下三分明月夜，二分无赖是扬州"[①]。因此一般人都很喜欢扬州。据新旧《唐书》记载，扬州有一次大乱，商胡（波斯人等）死者达数千人，见《田神功传》。

唐代开元年间有位小官李勉，后来官至宰相，他曾沿汴水至扬州、睢阳（当时睢阳亦是一大商埠）。当时有位患病的波斯商人乘坐李勉的船同行，此病人十分感激，对李勉说，他是波斯的王族，家有三儿子会来探望他。船经泗州时，说失去一珠宝，如有人复得者可得大官。后来此人死了，将他埋葬，此人将此珠置于口中，李勉寻访其子，后来终于找到了。这说明中国在当时已是国际上

[①] ［唐］徐凝《忆扬州》。

珠宝古器的集散地，也可见唐代当时商业之盛、资本之丰厚。如要看此类唐代故事，可看《太平广记》，此中许多小说有新材料在其中。

四、唐代的商业

外国人在华经商，在法律上是有治外法的。《唐律疏议》中有一条说："诸化外人同类自相犯者，各依本俗法，异类相犯者，以法律论。"① 中国人的文化观念实较国家观念为重。如波斯人与阿拉伯人闹事，则按照中国法律处理，若是同一国人犯法，则依照该国之法律处理，可见我国之宽大。

至于外侨遗产如何处理，有《新唐书·孔戣传》记载道："旧制，海商死者，官籍其货，满三月无妻子诣府，则没入。戣以海道岁一往复，苟有验者不为限，悉推与。"

当时外国人来华者甚多，故订出条文。至于藩汉通婚，《唐会要》中载贞观二年有一敕曰，外人娶华女为妾者，不许携回。可见唐太宗贞观时已有此制度。《资治通鉴》中有一条说道，安史之乱后，回纥人来长安的极多，不许其穿着中国服装，以免与华混淆。《通鉴·唐纪四十八》"贞元三年条"云："胡客留长安久者，或四十余年，皆有妻子。"可见我国亦不禁藩汉通婚。

当时的商胡亦有在华任官的，也有做盗贼的，也有从商的，是为"胡贾"，可见在华的外国人极多。我们如看《太平广记》，便可找出许多此类材料。商胡的行踪很广，有洛阳、广州、扬州、长安、凤翔（扶风）、永修（建昌）、南昌（洪州）、睢阳、苏州等地。

---

① 《唐律疏议·名例律》。

由上可见胡人来华经商主要是在广东、江苏、江西及长安、洛阳等地。

唐时尚有外国人在华开展览会的。当时有外商各献出贵重之物以作比赛，有一胡商展出明珠四粒，中有直径达一寸者。

当时在酒店中亦有胡姬（酒家胡）。此外尚有昆仑奴，多为南洋一带人，肤色深黑，每一家富户都雇养数位。

唐人段安节所撰《乐府杂录》中载一故事，言唐贞元某年，长安大旱，皇上下诏于南市求雨。当时有康昆仑为音乐家，能演奏琵琶，他在一彩楼弹奏，对面西楼有一扮女之僧侣亦弹琵琶，两人比赛决胜，后为皇帝知道，命彼去宫中表演。僧对康说，君所弹奏有杂声，且带邪音，因康当初为巫所教，遂停奏达十年之后，再跟此僧重新学习。康昆仑为一摩尼教徒，僧为佛教徒，由此故事可想见唐代之盛。又如当时尚有骑马玩高尔夫球的，那是极奢侈的运动。

吾人如欲详细研究唐代社会，便须读《全唐诗》及《太平广记》等书。

五、唐代的驿站

古代中国有"亭"，亭长由社会产生，唐时变为"驿"，由政府管理。史载唐时每州皆有一驿，每驿有"舍"，路上则称"馆"。唐代共有1643驿，其中1297驿为陆驿，260驿为水驿，水陆相兼的有86驿。驿由兵部中的驾部郎中管理，是军事的。驿用驿马，死生肥瘠要每年报告。每驿设有驿长，下有驿夫，驿长是轮番当差的役。政府设有馆驿使，用以监察全国驿站。

驿站最大的叫"都亭","都"者，大也，养75匹马。次者称一等驿，养60匹马。其次二等驿，养45匹马。三等驿，养30匹马。四等驿，养18匹马。五等驿，养12匹马。最小的为六等驿，养8匹马。由于唐当时的中央政府在长安，如到广州，可按驿限定日数，不会误时。

驿站养的马叫"官马"，马身上有印，在头上有一"驿"字，并印明机关名及岁数。每一驿站均有驿田，养一匹马，给40亩田（宋代则为一匹马25亩田），田里种苜蓿，用以喂马。驿站之马每三年一换，老瘦换壮健的，山坡高地、低湿地则用蜀马（即小马）。官吏可供给驿马，供给驿马的数量按职位高低而定，一品官可取用8匹马，二品官6匹，三、四品官5匹，五、六品官3匹，七品官以下的2匹。

另有"传马"，是驾车辆的，用来载货，可随后慢行。传马也按官级高低而分配数量：一品官10匹，二品官9匹，三品官8匹，四、五品官5匹，六、七品官3匹，八、九品官1匹。凡官吏家客过往，只供给传马。除马外又有船，水驿事忙者有4船，次则3船，再次者2船。

驿站有东厅（别厅）、西厅（上厅）。此外尚有楼，如李商隐有诗云"猿上驿楼啼"，又孟浩然有诗云"南陵问驿楼"。驿内又有库，有酒库、茶库、苣库。驿内也有亭（即花园），杜甫《秦州杂诗》云："今日明人眼，临池好驿亭。丛篁（指细竹）低地碧，高柳半天青。"

驿站内规定只准停留三天，亦有不准入内的，亦有可入内而不得受供养的。凭符照等级招待，分角符、传符（符上画龙，铜制）及银牌三种。此符可沿路使用，不过水路和陆路是分开的，不能混用。

唐代韩愈弟子孙樵曾作《书褒城驿壁》一首，是说此驿出名，天下第一，因为此驿近中央政府之长安。但此驿中之池水浅而浊，船漏缝渗水了，园中青草芜杂，廊下破烂了，马养在客厅中，鹰在大堂上走动。这篇文章示意大唐王朝的没落而将垮台，近中央政府所在地的一个知名驿站却落得如此凄凉衰败，其他更不用说了。

明末穷了，裁了部分驿夫，因此驿夫造反了，即李自成、张献忠造反了。

六、唐代之交通运输

从润州（镇江）到长江口本为陆上运输，但刘晏将之改为水上运输。自扬州运输至河阴，则照昔日办法。当时一斗米需40钱，刘晏造歇艎支江船2000艘，每艘船可载千斛，10艘船曰一"纲"（即一队），一纲300人，再加250名篙工，200纲即11万人。自河阴可运至渭口，自渭口可直达太仓。此种船用两旁马路拉牵索，用巴蜀襄汉所出麻与竹做绚索，索朽坏时用来做燃料。历史上说如此运送，每年可运110万石。

宋代苏轼文中亦有谈及，可见文人亦注意到国计民生。当时造一条船需500贯钱，刘晏所造船之费用则加倍，需1000贯钱。有人非议刘晏，刘反驳道，造船要有大船场。由于费用巨大，因此造船者均发大财。运输很通行，造的船很坚固，也不易坏。如此维持了50多年，后来经费一减，造成船政腐败，情况便不好了。可见刘晏采取的方法好。

中国是大一统之强大国家，全国的交通运输成为一个大问题，因此要有良好的陆运与海运。其实元代时已有海运。

明代自南方运粮至西北，当时为了打边寇用，由于政府经费不足，故要请商人运送。运到后可给一"引"，凭引即可换得相等之盐，且此盐不会被视作私盐。由于当时之盐要受政府之管制，因此没有造成独占资本，但政府也不主张与民争利，任由商人做生意。

第十一章
唐代开始之科举社会

一、唐代科举社会之特征

唐代并非纯粹的农业社会，唐代社会的重点与特征亦不在商业。中国过去最出名的学者，都是有关地质学和生物学方面的，因中国有广大的材料，也可有新的发现。

英国学者威尔斯著《世界史纲》一书，主张唐代时之世界史应以中国为中心。他曾采取傅斯年之意见，但并不精彩。

德国曾有一学者，专门研究我国黄河的溃决，但在中国反而没有研究黄河的机构，实在使国人汗颜。又有一位美国地质学家，在日本"九·一八"侵华时来中国做研究。西洋人以纯科学的眼光来看黄河，只注重地形，但中国人知道，黄河并非天生有害。因古代中国崛起于黄河，论黄河为中国人之害只是近代之事。

地是会变的，如香港已今非昔比，又如今日荒凉的陇海路，自徐州至开封一段，过去兴盛时出了庄周、张良等人。故研究黄河应知道黄河在历史上的变迁，研究历史学还得配上其他的学问。

唐代社会可称"门第社会"，但并非有大地主，亦非有世袭贵族，此皆为唐代所无。我们可称唐代以前为"门第社会"，唐代以后为"科举社会"。

社会兴盛时有教堂、贵族和城市，城市得势后有中产阶级。东周自迁移后，诸侯各管天下。西洋人经商是冒险的，是合伙用船，中国人的习惯则是不会合在一起做，社会必须有一中心领导力量。中国社会是由政府管控，故称"郎吏社会"，科举是中国社会之特征。

二、宋代近代社会之特征

自宋代起至近代可说是近代社会，唐以前可称为古代社会。

中国社会以农业为本，工商业也很发达。中国特别不同之处，便是有城市，且是均匀散布的。这些城市一面是商业中心，另一面是政治中心。

中国自秦以后，县城成为中国的政治单位，多数城市自秦代始已有了。城市的物资分发到农村，每一城市的四周是农村，是货物的集散中心。城乡互相依托，两者打成一片，城市是兼为政治与商业中心的。

近代中国之所以穷，是因为外国的商业发达，制成机器调换了我们的原料，故穷了，几乎要破产。

中国社会是政治（指智识分子）控制经济。古代农村的士，三冬通一经书，"一冬"指一年冬天的3个月，三个农闲的冬季便可读通一经。中国少年15岁前学识字，《尚书》二十八篇、《诗经》

三百首《易经》六十四卦、《礼经》及《春秋》等,即15年可通"五经",到时这青年尚只有30岁,即可应考做郎吏,甚至可以做宰相。可见中国社会非封建,其实这道理今天还用得着。

做了宰相,年入2000石,但一个家庭一年用不完100石。由于宗法关系,做官的一家就会有独占性了。由于有独占性,所以有了郡望,此即唐代的门第社会,即是由农村出了郎吏。

有的门第有传至一千年以上者,如山西闻喜裴家,尽管到宋代时已非门第社会。顾亭林先生曾去山西裴村,裴氏家族已有数千人,所以顾亭林说,封建势力可利用来造反。

三、宋后中国农村新体貌

宋以后的中国农村比起从前已有很大的变化。中国古代是封建制度,农村隶属于封建贵族。到封建制度崩溃,贵族消灭后,即变为士农工商的新社会,农民不再隶属于贵族,变成了自由农民。

农民一家通常是五口至八口,所能耕之田最多百亩,其收入是有限的。因此农民的经济永远是不宽裕的,遇到疾病、死亡或灾荒就糟透了,只好出卖田地,因此就有兼并和剥削产生。政府原收三十分之一的田租,但买田者要他二分之一的田租,其中三十分之一缴给政府,则田主不劳而获即可得三十分之十四(即十五分之七)的田租。

汉代的郎吏政府,智识分子获得政权,做到2000石俸的高官,用来买田地,敬宗恤族,建立了"家族社会主义"。凡同姓中有穷困的,均予以周济及教育之,因此此家族中就可不断有人进政府做官。此家族愈来愈富,这种新兴的士族阶级即称"门第"。

从上述自由经济社会中产生的地主,不能称"封建"。门第成为有郡望的,大门第普遍存在于各乡村,即是新的门第社会,旧的贵族社会亦有大贵族在农村。

提拔人材可有下列多种方法:一是教育,二是服务,三是选举,四是考试,五是任用,六是升黜。中国当时只有一间太学,起初只有数十人,后来东汉时有3万人了,进太学读书已是一件麻烦事。读完书出来要经过地方政府选举,但因为门第间互有关系,因此政权便永远操在几个大门第的手中。这便进一步助长门第,因此门第常可获得进学及被选做官的优先权,而没有平流竞进的形势。唐代一确定科举制度,可以自由考试,门第就垮台了。

四、唐宋明之考试制度

按照中国历史来说,应该是从封建社会经郎吏社会、门第社会再进而到科举社会。科举制度历经唐、宋、元、明、清数代,参加科举考试即可进入仕途,亦即可参加政治。

考试是自由报名,公开竞选(商人除外)。唐代的考试如考一首诗,但出的题目很偏僻,要读书多,由考试的成绩即可察出该考生之志趣、聪明与见识如何。

唐代有位青年叫王播,因家穷而住身寺中,逢寺院打钟便知是吃饭时间到了,便去吃饭。后来和尚为避免王播去吃,便改变了打钟方法,不让他去吃,王播作了一首《饭后钟》的诗讥笑之。后来王播中了进士,做了宰相,该寺僧便把王诗用丝绢罩住,加以保护。此即所谓十年寒窗,一举成名。

宋代范仲淹幼时家亦穷困,父早亡,母改嫁,后父姓朱,他进入寺院求学，"断齑划粥"。后来苦学成名，做了副宰相，恢复范姓，有二子，同穿一长袍在寺中读书，后来亦做大官。后仲淹首创建立"义庄"，凡本族穷人子弟均可得到供养。直至民国初年，到处仍有义庄，称为"范朱遗风"。

到了清代，设立各级考试制度，有县试、府试、省试和殿试。可以说，中国的社会有变动而无阶级，亦无大贫大富，此为其优点，但亦有其科举社会之缺点。

唐代之科举制度分"明经"与"进士"两种，"明经"是考经学，"进士"是考文学（即诗赋）。应考者要三代身家清白，做生意的并不包括在内。考试及格叫"进士及第"，考试由礼部主持办理（礼部即如今日之教育部）。进士及第后尚须由吏部（即今之内政部）再复考一次，要考试公文，并兼考其健康与品貌等。宋代则仅考"进士"一科。

明代以后有县考、府考，因参加考试者太多了。县试通过者叫"秀才"，省考考取者叫"举人"，然后再由各省推举若干人，有特定的限额，乃是看各省的文化程度高低、赋税摊派多寡来决定名额多少。中了进士的要在中央再读三年书，殿试的首三名，首名为状元，次名探花，三名榜眼，当然成为翰林，最差的进士则可做知县。考中进士的可上进士题名碑，此碑放置在北京国子监。当时邻邦中的安南、朝鲜等国最为佩服中国，常仿效中国文化，如安南也有国子监，也有进士题名碑。

中央设有翰林院，其中有编修、检讨等职位。考中进士的入馆三年，由翰林教导之，三年散馆后再考，考试成绩好的可进翰林院做翰林。各省的主考官是由中央的翰林院派翰林去监考的，有进场、朱卷、誊卷等名堂。翰林是清望之官，薪俸并不多。翰林做过几次主考官后，就可做侍郎（相当于今日的部里次长）、巡抚等官。

第十二章
宋代兴起之新制度

一、宋代之书院制

唐代是社会转型期，宋代则是定型了。在此科举社会中，人民在政治上的地位有了贵贱之分，经济上也有了贫富之分，所以仍有不平等的现象。宋代农村经济是分散的、不集中的，因为此时的社会比较上是平等的。

此时期有数种特别制度，首先是书院制，如广州有最著名的广雅书院。我国古代平民无法受教育，到了汉代，在中央设立太学，在地方上设立郡学、县学，当时尚有开门授徒。

汉代之太学，武帝初设时只有50人，到了东汉已达到3万人。东汉时山东有位大师郑玄到处去留学，后来去陕西从马融学，郑玄替马融解答算数问题后就一直担任此工作。郑玄回山东后，于是马融说："吾道东矣！"

自郎吏社会进入门第社会以后，读书的人不必外出求学，而有世代相传的所谓"王氏青箱"，家庭有了家训，如南北朝时有《颜氏家训》，读了便可成政治家。穷苦人民则入寺院研读，故寺院的势力也甚大。

可以说当时人民的出路有两条：一是从贵族出身，然后在政治上做官；另一条是穷苦人家，则可以借寺院的环境苦读成材，可以考试，绩优者任官。

当时的教育可分四种：一是家庭教育，二是社会教育，三是国家教育，四是教会（宗教）教育。宋代以后有了社会教育，便是所谓"书院"制度。

书院制度自宋代开始，至元代大盛，且书院多于宋。元代每一县官上任，必先到书院听讲，山长可针对县官教训他，可见书院地位之高。清代书院山长的地位也很高，总督、巡抚到任必拜访山长。书院制一直推行到清末，直至被新学校代替为止。

书院之功用，首先，它是一藏书楼。

第二，书院相当于今日之学院，每隔相当时候做一次演讲。

第三，书院相当于今日之学校，如宋代胡安定曾去苏州、湖州两地讲学，书院下分数斋，相当于今日之院系。胡安定时之书院，下设"经义斋"，即今日之文学院，又设"治务斋"，即今之法学院。在斋之下又有分组，如有水利组、农业组等，当时之"经义斋"下设有国文组、历史组等。但一书院只设一正教授，相当于学校非授课而重研究。胡安定当时在该书院讲学，成绩很好，故宋太学亦依胡法分斋分组，太学主持并请胡去太学教书（按钱穆先生推尊胡安定为中国一千年来之大教育家）。当时程伊川（程颐）在太学为学生，只有18岁，他作的论文特佳，胡即选其为助教。书院设奖学金,至今仍有,每学期作论文佳者可得"膏火",一月一题,谓"月课",得奖一次即可付学费。

第四方面,书院又可用作纪念性质的祠堂。此种书院是壮年、老年均可进修的,不限年岁,无考试,无学分,有月课的奖励。

今日有钱人只知捐钱给教会,却不懂得办书院、办学院。

二、宋代之社会制度

宋代除了书院制度以外,还有新设的社会制度及"义田"制度。

唐代时我国仍有社,用以集会及娱乐。今日日本遍设神社,即模仿唐代之社。

汉代因丰收而米价平,而农民要吃亏,故政府设立"常平仓"。"常平仓"设立特别措施,米价平时高价收进,荒年时低价卖出,政府所赚虽少,而农民却可减少吃亏。但需由政府经营此事,事实上是并不正常。

到了宋代,范仲淹开始设立"积谷仓",用以济贫,是为良好制度,此措施称为"义庄",或称"义田",俾便人民供给学费、婚丧等费用。此制有敬宗恤族之意,实非家族主义,实为社会主义。

三、宋代之遗产处理

按照西方人制度,如长者死亡,则由律师宣布其遗书。封建社会时期,如长者亡故,则由长子继承其遗产。

中国人处理长者之遗产,则由数子平均分配。故数代之后,财产越分越少,差不多等于没有,此为打破封建制度之方法。女儿则是出嫁时已分给她了，称为"私房"，连丈夫也不能动用分毫，除非妻子自愿。

由于国人太主张平等，产业由儿子平分（女儿已有嫁妆），同时做大官的也不能世袭，故最后均变成小户人家了。

四、宋代之保甲制度与乡约

"保甲"制度也是自宋代开始建立，此制是为治安而设。乡村中不必设巡警，乡夫可数十年不上衙门，有事由社会解决。遇有大问题时，可由团练处理，清代之曾国藩便因在乡间筹办团练而闻名于世。当时曾国藩以侍郎之身因亲丧而返籍守孝，遂筹办乡间之团练。

宋代尚有一种"乡约"，此制由陕西吕氏首先发起，名叫"吕氏乡约"。此约内订有各种约法，是有关整个地方的自治。

由于上述种种制约完善具备，因此有关文化、经济及治安诸问题均可迎刃而解，得到完满解决了。

第十三章
元代统治状况

宋代之变是内部问题，到了元代却是外族入侵，便成外部之变了。

自中国历史言，五胡乱华至南北朝亦是外族入侵。但实际上，南北朝时是胡汉合作，才能统治北方，当时汉人是大门第，不合作无法统治，此时的汉族人士尚保留一半的根据地。

到了元朝，蒙古族才占领整个的大陆，还进一步征服欧亚两洲，包括印度和俄国，不过蒙古人仍以中国为主要地盘。俄国人最怕有外族人从乌拉尔山进攻他们，因为匈奴和蒙古人均从此攻入过俄国。

"二十四史"中有《南史》《北史》，《北史》中有多国系由外族统治。中国四民社会中的士，为世界上其他国家所无。当蒙古人统治中国时，即要把全国都变为牧场，但有一金国大臣建议抽租税，让人民仍可种田。但当时蒙古统治阶级的思想认为：（一）

农民无用，应改为畜牧。（二）重视技工，凡工匠皆可免死，至于僧侣如佛教、道教人士则任由其生活。（三）废去士的阶级。

中国有士、农、工、商四民，且是以士为中心的社会。蒙古人进入中国，其贵族成为征服者，即是统治者。但蒙古人并不能统治中国，于是有官与吏之分。省主席为长官，以下各厅、处长为属吏，即书记、帮办之类。

中国到了宋代，取消了义务兵，变为职业的雇佣兵，此即募兵制度，因此由四民而变成五民社会。

蒙古人命色目人帮他们收赋税，并放贷款收利息。色目人非中国人，亦非蒙古人，多数从新疆来，为回教民族。

元代宗教有喇嘛教、佛教及中国本土之道教。五民中，汉人只能做农、工、商，至于兵与士则不能由汉人担任，另外的职业有医生及天文、数学、水利、工程等各方面的技术人员。西方人统治殖民地则是以军人为主，贵族随来，另带医生、律师、牧师，天下之人民则为农、工、商，要纳税。中国是政教配合，西洋则是政教分开。

元代尚有书画、雕刻、音乐、戏剧等多项艺术。蒙古人统治中国时，中国智识分子对自然科学与民间艺术之进步贡献很大。

东西交通为中国地理之特色。中国的大河流自黄河以下，平行的有济水、淮河及长江，其间有一条自南向北的运河，自长江经淮河，再而向北临近济水而到达洛阳，已近黄河了。黄河下游常变更河道，所经之处便有大水灾。今日之黄河已永远自济水入海，百年来已未再发生大灾害。

元朝追随辽、金两朝建都北京，至明太祖则建都南京。孙中山先生灭清后，亦主张建都南京，成为光荣恢复的首都。北京却是历代异族（辽、金、元、清）统治之都城。

第十四章
明代经济情况

一、明代南北经济情况之转变

中国在中唐以前,经济是北方重于南方,此时的漕运是自黄河下游至上游(陕西),即自东往西。后来南方开发了,自长江流域分成江北、江南。长江之北为淮水与汉水流域,因此淮水、汉水流域可说是中国之江北。当时的长江与淮水(淮水亦可称淮河)之间有两条运河,一是自南到北(即扬州到汴州)的运河,一是自东到西,就是黄河附近的自汴州到洛阳的运河。

中唐以前,中国的经济重心仍在北方。经安史之乱后,北方有军阀藩镇割据,藩镇养军而不纳税给中央政府,因此中央之财政惟有依靠南方。

自五代之乱后,北方经长时期大变乱,又有黄河溃决。如果没有黄河，即无秦汉隋唐，但唐后，黄河却成为中国之害了。溃决之原因乃由于双方作战时互相掘河，使河床垫高了，河水就往四面乱窜。自五代至宋，黄河常有溃决。故黄河在五代之乱、宋辽之争下，溃决造成不利，黄河每次溃决，泥土垫满土地，因而破坏农村。

金朝统治北方后，北方经济进一步衰落。总之，经过五代之乱、宋辽之争及金人统治后，北方经济更堕落了。

当五代紊乱时，南方十国则生活安定。如四川的前、后蜀以及福建之闽地，均是安定的社会。特别是南唐、吴、越，是南北朝时南方首次开发后的安定，南方的第二次繁荣便是在五代十国时。

金人统治北方时，南宋建都杭州，南方有更大的人力物力，当时的文化、经济都向上发展，已开始发达了。

元代自成吉思汗到元世祖，由于战争造成破坏，因此北方是历经五代、辽、金及元之破坏，经济及一切已乏善可陈。但南方则屡受保全，并大加发展，南北双方情况于是大不同矣。

当时从北方逃来南方的是讲客语者（此指第二批来南方者），首次自北方来的，即是今日之讲粤语者，故粤语实为秦、宋之古语。

以上是明代南北经济情况之转变。

二、宋元明时黄河与运河情况

辽、金、元各朝均建都北京（战国时之燕亦建都于此），原因是从北方到南方较近便，至明代亦建都于此。

此时因北方经济受到破坏，须靠漕运由南方供给。此条运河与上述运河之路径不同，是由山东到北京，历元、明、清三代。长城是为了国防，运河则是为经济，其水利工程极为伟大。

当时开了一条与黄河并行的汴水，黄河水多时可通水至汴，使黄河免于溃决。此汴水为战国时韩国人所建。

我人讲越南、日本、韩国时，必会讲到中国，正如讲欧洲时必会讲到希腊、罗马一样。但几千里的大运河，自扬州至北京，其问题是：（一）无水源，但却是一条大河。（二）此条大河中间经过江苏北部淮安之清江埔，正所谓"南船北马"。江南之太湖流域比海低，运河的水形则是中间高而两边低，即成弧形。水源大部分是靠山东泉水，有条济水自黄河穿过来，其中著名者为趵突泉，大明湖便是由泉水造成，相隔数十里之泉水均是相通的。泉水在北部（即清江埔之北）汇成运河水源，清江埔南靠淮水，黄河溃决时便流入淮水中。

第十五章
宋元明三代之民间手工业

一、唐代以来的丝绢纺织业

人生最重要者为食与衣。关于穿衣，古时即有蚕桑，便牵涉到丝织品。古代的蚕桑事业首先发展于北方，而非如今日之在南方之太湖流域等地。

中国之丝在汉代已自地中海传到罗马，成为世界商品。中国有织官，即国营的织造工场，当时山东仍有汉时所设之织官，即有三个国立的织造工场。

唐代时机织业已与农业脱离而分立了，此工作有了商业意义，可见经济已进步了。自晚唐到五代，有一批人专门成了织户，已与农业的耕户分开了。例如欧阳修有《送祝熙载之东阳主簿》诗云："孤城秋枕水，千室夜鸣机。"袁甫《蒙斋集》中有其做徽州知县时所作《奏便民五事状》云:"自来揽户之弊,其授于税户也,则昂其价,其贯诸机户也,则损其值。"从上文可看出当时之情形。

南宋陆游(放翁)《老学庵笔记》("老学"者,老而犹学也)中云:"靖康初,京师(即汴京开封)织帛及妇人首饰衣服,皆备四时,如节物则春幡、灯毬、竞渡、艾虎、云月之类,花则桃、杏、荷花、梅花,皆并为一景,谓之一年景。"此文说明了北宋末年织帛业之盛,说明此时期生活之奢侈,织物已变成商品,并非男耕女织之时期了。

唐代时之租税有租(田租)、庸(力役)、调(指土产,普通是指绢,且绢在当时可作货币代替品)。宋时租税与唐代相似,一面有田租,一面要纳丝织品。唐自实行两税制后,不必纳绢,可以用钱交纳。于是农民须先卖绢,再得钱,而卖出时价低,要买时则价高,于是有陆贽作文指出有此弊端。

唐代是门第社会,大家庭中养有各种工人,不必向外买。宋代则成了小家庭,故机户分立成为工商业者了。

我们中国今日吃亏的是织布业之衰落,完全要靠外国,此乃造成中国贫穷之原因。今天的社会变了样,女人整日打麻将,因无工可作。这是不得已,与道德教育问题无关。

二、元明时期的棉织业

中国古代有丝、麻而无棉。棉在古代叫"吉贝",《尚书》中已可见"吉贝"二字,但直到元代、明代才有棉织业。

由于气候的关系,我国北方不适宜种棉。有小说说,中国要到松江黄婆时才开始有棉织业,依照一般情形,长江流域才有棉织业。

清褚华撰《艺海珠尘》中《木棉谱》一书记载，上海有贩棉花之户。明末褚氏之六世祖能经商，当时山西、陕西人所穿布衣均是来沪买，银货两交，于是一家人成了大富。到了清代，别人也懂了，山西人来沪不必向住家去买，他可直接向商店去买，故沪人只需旅馆商就够了。于是有人自己集资购备织物，直上山西等地去卖，谓之"水客"。当时有闽、粤人来沪，携了糖来，卖了糖而买花衣（即原料），回家乡后自己纺织。当时上海有船数千，可见当时的上海已是大商埠。

有了纺织，便有染布业，称为染工业。中国要到宋代，织、染才成为二大手工业。

三、宋明的陶瓷业

当时欧洲人要买中国的瓷器，花了很多钱。自唐至清，瓷器仍可代表中国的艺术，中国的英文"China"便是从瓷器而来。

瓷器始自唐代，至于成为大手工业则要到宋代。宋代有所谓"五大名窑"，即哥、官、汝、均、定五窑。其中哥窑在越（浙江），官窑在汴州，汝窑在河南汝州，均窑在河南禹州，定窑在河北定县。五大名窑只有一个在江南，其余均在北方。自唐代起，哥窑最为出名，因为浙江出产青瓷。浙江哥窑所出青瓷名叫"千峰翠色"，极为名贵。五代时的柴窑（在北方）相传在柴世宗时亦做出青瓷，叫做"雨过天青"，此色泽亦极名贵。

宋后则瓷器大盛，俗语云："青如天，明如镜，薄如纸，声如磬，滋润，细媚，有纽纹。"凡切合上述标准之瓷器，可称为极精品。后来在瓷器上可画花了，堪称工艺美术。

日本人曾研究宋代瓷业，对瓷业发源做了小考证，计有26处。计为河北二，山西一，河南六，山东一，陕西一，共11处；安徽三，浙江七，江西三，闽二，共15处，合共26处。

由上述可见瓷业到宋代已甚发达了。但五座名窑中有四座在北方，即陶瓷业自宋代开始已在南方发展了，但产精品的则多数仍在北方。

陶瓷业到了明代，可查考者已有40多处，较宋代尤多矣。但到了明代，最大的瓷器工场却集中在一处，即为江西景德镇。

《江西通志》云："景德一镇，僻处浮梁邑境，周袤十余里，山环水绕，中央一洲。缘瓷产其地，商贩毕集，民窑二三百区，终岁烟火相望，工匠人夫不下数十万，靡不借瓷资生。"又云"一器之成，经八十人手"，可见造瓷业分工之精细，甚至当地所产之区，分成数区，各称某某户，分别担任不同工作，可称为美艺工业。

18世纪时，我国大批艺术品如丝、陶瓷等运去欧法等国。现在关于陶瓷之书，中国竟无，却要到日本才有，因此西洋要向日本学习。

谈到中国瓷业，不仅是科学的，而且是艺术的。中国人的日用商品含有极高的文化在内，因中国是文化极高之国家。

四、唐宋的雕版印刷术

雕版印刷是宋代第三种盛行的工业，对全世界有极大影响。古代的文字要用手抄，首先发明印刷术的是我国，要早于西方两个世纪，这是纯粹的文化事业。有人说，自隋代起已有印刷术，到五代盛行了。

五代的冯道开始印"九经"，但可能最初是印佛像，后来印刷民间一般要用的日历，可见科学的发明是随着需要而来。

唐以前的中国是门第社会，学术文化在大门第手中，他们可以抄书在绢上，所以用一卷、二卷来称呼，用象牙插挂之，但并非一般人有能力所能办到。可以说印刷术始于唐，盛于五代，精于宋代，大致上可如此说。

宋庆历年间，布衣毕昇发明活字版。古人凿字于石，可用寻拓出来，即成黑底白字。此法在东汉时已有，国立太学即将"五经"刻于石上，以便抄本作校对。东汉石经至今日尚有部分保留的，但当时尚无阳面的印书法，因当时社会不到需要期，故未有发明。

西方人主张多产、速成，便于发财，但中国的工业已进步到审美的阶段了，并不主张多产，而是主张要精美且可久存，不计成本，不求收获。

活字是一个个的木刻字，开始时毕昇的活字是用泥土做的，后来改为铅制，再后来改为木刻的活字版，后来又有铜版的。

我国印刷术的发明，对人类文明是一种极大的贡献，且所印的书亦变成名贵的艺术品了。如宋版书，今日已极为稀有，其字体、墨色和纸质均极为讲究，每一页均成为名贵之艺术，今日已成无价之宝矣！

由于印刷术的发明，书铺便产生了。北宋欧阳修有一篇《论雕印文字札子》，其中讨论到有关印刷的问题，文中说，希望朝廷禁止随便翻印他人的书。当时有《宋文》二十卷，首卷之文是富弼的《让官表》和《澶渊之盟》，欧阳主张禁止民间随意印刷，即这些文章牵涉到国体，应该禁止。由欧阳此文，可见当时之文章已很发达了，由此可以想见当时商业家已在印书业十分盛行了。

南宋朱夫子（朱熹）《按唐仲友第三状》（此即朱子弹劾他的状，朱、唐均为文人）中说："仲友到任，归本家书坊、货坊第一集版，印卖将漫，又刊一番。"由此可见当时的人已以刻书为商业了。

岳飞之孙岳珂《愧郯录》中说："自国家取士场屋，世以决科之学为先，故凡编类条目，撮载纲要之书，稍可以便检阅者，今充栋汗牛矣！建阳书肆，方日辑月刊，时异而岁不同，以冀速售。"由此可见当时人已有赶速售卖的商业头脑了。

五、唐宋的造纸业

东汉蔡伦造纸，但据历史记载，西汉时已有纸了，只是由于这时尚无印刷术，故用纸较少。我们今日却向外国人买纸，实在可怜。

纸的功用之大，于文化之功莫大焉！

如唐杜佑《通典》中谈到，各地方供应中央以土产，即所谓"土贡"，当时卖纸之地方只有两处，即婺州与衢州是也。

《宋史·地理志》中谈到贡纸的有八处，即淮南路的真州，江南路的池州、徽州，两浙之临安、温州、衢州与婺州，及成都路的成都。

两浙多产纸，因该地区多产竹故也。

六、宋代的钞票发行

宋代开始正式用钞票。

唐代是用"便换",又叫"飞钱",即银行之汇兑。此即写一"凭票付款若干"之纸,持此纸便可通行于其他地方。

宋代叫"交子","交"者,易也,亦有称"交钞"的。此时已有用雕版大量印行的,可见此亦已在商业上使用了。

钞票亦为我国人所发明。

七、元明时期的匠人

蒙古人入华后到处杀人,惟匠人不杀,由于需百工百匠。金朝皇帝说,蒙古人难以对付,因蒙人有马,有匠人。

元代设立官匠户,是世袭的、官营的,并由政府管制其婚配,另有一种则称"畸零"。匠人的来源是俘虏及括取。

至元二十一年,阿鲁忽奴言"曩于江南民户中拨匠户三十万"[①],可见当时工业之盛及元人对匠人之关注。

明代将户分为三等,见傅维鳞《明书》。书中说明,人民可分为军户、民户和匠户,又对医户很重视。照明代的规定,匠籍之户口册另立,工匠不准参加考试。

宋代尚有伟大的建筑业,其中造园林、堆石,极为伟大,此已属于美术史或文化史了。至于此一时期的造船与航海事业则更为像样了。

---

① 《元史·世祖纪十》。

第十六章
宋后之市场形式

春秋时一国即一城，城市中必有一市区，中国城市往往是政治兼商业中心。古代的城市，"日中为市，致天下之民，聚天下之货，交易而退，各得其所"①。凡市，必有一特定之场所，也必有一特定的时间。

所谓"市肆"，"肆"者，陈列之义也。当时之市场到了特定的时间必清场，有的定数天一聚，或逢单双日一聚。如北京之天桥市场，代表古代形式，有聚有散。城市中之住宅区叫"坊"，买物区叫"市"，古代之市、坊分区而不混杂，一直到唐代。《洛阳伽蓝记》一书中，有一市场建筑图。又有唐《长安巷坊志》一书，对于街坊详细情形有描写。

唐代以前是特定市区，宋代有城外之住宅区，叫"厢"，其中有驻军叫"厢军"。唐代以后有"草市"，不在城市中，而在非城区。

---

① 《易经·系辞下》。

因为城市之间每每相隔数十里,故设草市。

宋时辽京为燕京,宋为汴京(开封),此时汴京之形态与宋以前不同。当时有一本《东京梦华录》,书内有很多经济资料,内容与今日之《香港导游录》相似,说明当时汴京之社会情况已与唐代不同。当时已有行卖小贩,街上到处都有商店、酒楼、旅馆与戏场,此时的市已无时间限制,可日夜不断经商,店铺也成为不移动的了。南宋京都迁移至临安(杭州),有一部书叫《梦粱录》,亦为笔记,从中可以知道京都之情形。此时北京之书铺尚有古代市场之风。

除了市之外,尚有所谓"行",行业古称三百六十行,或一百二十行。古代的"行"在市区,一条街往往只卖一种货,如菜行或酒行等。宋以后之市场不分了,故在市中亦不再分行了。"行"者,唐代以前即表示各市区之列肆,为市区中依类分聚之列肆,市区由各种"行"所构成。到宋代以后,市与坊不分了,仍是同业相聚。"行"仍是有,而变成市了,但并非古代之市,不过是散布在各区域,而非只有特定一范围为市区了。

我国有行业组织,即行会(公会)。西方中古时期除了有地主、教会和贵族之外,尚另有自由城市,因城市非贵族地主所能管到,因此也有行业组织。西方所有的公司组织,乃是为了商业有保障。西方既有自由城市及行会组织,但与中国的行会组织不同,因中国城市是不自由的,是由政府统治的,但政府亦赞成有行业组织。例如《续通考》载明世宗嘉靖二年所定的市场法中说:"凡城市乡村诸色牙行及船埠头,准选有抵业人户充应官,给印信文簿,附写客商船户住贯姓名,路引字号,物货数目,每月赴官查照,私充者杖。"[①] 又曰:"诸物行人评估物价,或贵或贱,令价不平者,

---

[①]《续文献通考》卷二十五。

计所增减之价论罪。买卖诸物，两不和同，而把持行市，专取其利，及贩鬻之徒，通同牙行，共为奸诈者杖。"① 此处说明商人不能把持行市，贩鬻之徒与牙行亦不能串通为奸，否则当处罚也。

---

① 同上。

第十七章
从井田制到唐代赋税制

现在尚没有学者能撰写成一本好的《中国社会史》或《中国经济史》，但有关上述两书之材料则极多，而且也易于找寻，且由政治制度可反映出经济、社会诸方面的问题。

中国对社会经济问题向来重视"均"，故云"不患寡而患不均"。"平均地权"为中国历史上之传统历史与政策，其反面则为兼并，此为传统历史所反对。对于商业资本，中国则主张"节制资本"。故孙中山先生不仅为革命家，且为政治家，其所提出之两点，是同时配合世界新潮流与中国旧传统的。

井田制为我国封建社会之制度，为后人所永远歌颂，因其制度乃是平均地权，亦等于西方今日之歌颂希腊。封建制度破坏后，接着"耕者有其田"，但是授田政策，土地权在政府，政府要收回。而等到田地可自由买卖时，就变成兼并了。

到秦汉时代，田地可自由买卖，汉时租税只收十五分之一之半，租税虽轻，但农民却得不到政府的实惠，而兼并者却得了便宜。因农民向地主缴租要缴百分之五十，即二分之一。后来董仲舒提出"限民名田"政策，即对人民拥有田地定出了最高限额。此后陆续有人提出各种不同的土地政策。到王莽时提出"王田"制，即主张土地收归国有，由政府重新分配土地。可是全国人民反对，因此王莽失败了。

三国时天下大乱，全国皆兵。此时已无种田人，土地全为国有，又可推行土地政策。晋代并无好制度，但有"占田"制度，即"限民名田"，规定每户人民可占多少田地，即是限止拥田过额。到北魏有均田制，等于古代井田制，至唐代则为租庸调制。

我国大多数时期均主张平均地权，少数时期如汉代只注意商业赋税，而并不注意土地问题。而唐代却不注意商业，只重视收税。但唐制比汉制为佳，因为下属人民不会太穷。汉代时政府不许人民太富，太穷的则不管；唐代时则不许人民太穷，但可以太富。

唐德宗时，杨炎为相，定出"两税制"。其制度之重要处是，不管赋税制度，而专讲土地政策。因租庸调制虽是赋税制度，但实以土地政策为背景，两者是相混的。租庸调制的手续十分麻烦，有簿册，人死要收回田地，要调查、登记户口，太为麻烦。如户口册一乱，此制度便不能推行，故必须改革。中国是有户口册最为完备者，但调查困难，故仍易于作弊也。实施两税制度，则问田不问人，一千年来推行此政策至今。

古代井田制度是小国寡民，所以易于实施。由于财政制度的牵涉，故土地制度不能彻底推行，而忽略了经济政策，此为中国历史上之中心政策。

政府要轻徭薄赋，故行政开支要尽量节约减省。政府有一缺点，即不愿人民多出钱，故政府行政经费要减轻，那就使行政手续尽量简化，因而很多理想的方法只得放弃。两税制度之优点，首先是手续简化，不再收租庸调，只需要单收田租。租额是杨炎所订定，即先确定每一年政府费用标准之数额，此后即照此数征收。

唐以前之政府希望社会平均，无大穷大富，政府亦希望租税全国平等。但两税制度施行后，其弊端在于租税永远照原来所定，故田租增或减均是相同，遂造成田地租额之不平等。全世界各国均有赋税与徭役，但中国自唐以后则免去徭役矣！

唐代之租庸调制，赋税有关土地，徭役有关人身，贡纳有关家庭。而两税制是一种单一税制，因手续太简，后来仍有徭役。宋代王安石有免役法，到明代整顿其赋税与徭役之法，但失败原因仍为手续太繁。故理想之政策必须简单而不马虎，最好是实行民主及地方分权。

关于国家对国民之赋税，《墨子》书上说：布帛之征是家的土贡，即所谓调；粟米之征是田的地租，即所谓租；力役之征是身的劳力，即所谓庸。即每一国民对政府应有负担，但国家给每一国民以田地，此即"为民制产"。中国是把土地、财政与赋税三者合而为一。

汉制之缺点是土地未有严格管制，魏晋时土地制度破坏了，晋时的赋税名叫"户调"。唐代租庸调制转变为两税制的原因是因为手续上的问题，中国土地多，户口调查、田地变卖等问题甚多，因此为了行政手续的简化，便得想出办法。

中国学者中有学问的，在古代很容易登上政治舞台，并推行其思想于政治上变成制度，因此可以写成一部《中国政治制度史》（按钱穆先生早年时，大概一九三几年在北京大学教书时曾撰成一册《中国政治制度史》稿本，到香港创办新亚书院及新亚研究所后，本来欲将此稿交给研究所首届毕业生孙国栋校友整理成书出版，后因孙君行政事务过于忙碌，惜未成事）。但西洋有马克思的《资本论》出版，因彼等不理是否受官方重视故也。

中国有选贤与能，即今西方之选举。由于中国地大人众，故须以考试制度代替选举制度。

中国欲将两税制变成单一税制，但其势为不可能，其后须有改良也。

第十八章
宋代之"飞洒"与明代之税制

一、宋之"飞洒"与明之黄册、鱼鳞册

明代之"黄册"是登记户口的,"鱼鳞册"则是登记田亩的。

东汉时中国即有纸的发明,故魏晋南北朝时即有"黄籍"与"白籍"。今日在新疆沙漠中发现了竹片,即汉简也,此中亦有户口册子。"黄册"(即黄籍)是将户口写入黄册中,每隔十年调查一次,一本送户部(即今日之内政部),三本存放在地方政府。明代之地方政府有三级,即布政使司(省)一级、府政府一级及县政府一级。

所谓"四柱",是指:(一)旧管,(二)新收,(三)开除,(四)实在。黄册上记明人名、田亩数额及卖出田亩等,且买入田亩者亦有登记可查。这是一种制度,其实经济思想早已含在其中了,所以在户口册上要写明田数等,以达到"为民制产"和"限民名田"的目的,因此这制度可使人民对田地不至于兼并得太厉害。

户口规定110家叫一里，一里分十甲，十家叫一甲，十家中有一甲长，共11家。有甲长、里长，即管一甲、一里内之事务，使政府管理颇为便利，因此使财政清楚，不过后来也难免积久而生弊端矣！因其中有土豪，拥有庞大田地，常将其田写入别人户中，因此而造成不准确。

黄册到清代最后百年间便无形中消失了，鱼鳞册则直至清末仍然存在，因有图可查看，颇为便利也。

明代之鱼鳞册，以土田为主，亦称"鱼鳞图"，因画成像鱼鳞一般，故名。县有四境，乡以邱为单位，"邱"即丘也。田则注明官有（公田）与民有（私田），又有高田、低田、埂、瘠、山、荡（即湖）等皆注明之。又要注明业主（除官有者以外），如业主将田卖掉时，则要过户，须报告政府，要一年一注。在黄册中亦要说明，黄册是人户，具有流动性，鱼鳞册则是固定的。故当时人说"田母人子"，找到土地后，人就容易找了。这种表册的意义是：（一）政府可用以收租税；（二）可以抑止兼并，至少不使兼并过盛。

放弃两税制之原因是因为，中央政府规模越来越大，政权集中，使地方政府之权力越来越小。

宋代农村每地有一头脑（大门第），但宋后中国社会变成平等的了，无贵族与门第，由于农村分散了，故政府必须想出统一、便利的收租税的方法。但事久弊生，因此产生了"飞洒"。

"飞洒"是地主拥有极多之田，于是设法将田写在别人户名下，税则由他出，与官方或私人商量，因此统计不会准确了。但调查相当困难，手续十分麻烦，要用很多钱。故到了明代中叶以后，鱼鳞册的制度出了弊端，而要另外想办法了。

二、明代之一条鞭法

明代的"一条鞭法"就是租税、土田、徭役及人力诸项合而为一，为普通人民所须向政府贡纳者。

中国一向的政策为轻徭薄赋，两税制之后租庸调归为一，为单一税，均摊派在土地上了。唐有两税制，其后宋代有王安石的免役法，再之后是明代的一条鞭法。此种单一税法是免去徭役，直至清代仍是丁粮合一。即自唐代起，人身可不必向政府当差，这是一种好制度。当兵也不抽壮丁，而用募兵，这种制度是好的。

第十九章
清代社会经济情况

一、清代之地丁合一税

明代的一条鞭法,是用黄册与鱼鳞册,以丁税计入粮中,即成为丁粮合一的单一税。

至于清代的地丁合一税,也是以丁税算入粮中,与明代的一条鞭法相同。清代的所谓"地丁合一",即是"地"指田,"丁"指户口,以地与丁计算所得向政府缴纳钱粮。

清代的地丁合一税也与明代的税相同,可用白银折缴。所谓"地丁合一"者,就是按田派丁,当时就传诵着一句口号,叫做"富民出财,贫民出力"。

总之,清代的地丁合一税,与明代的一条鞭法是大致相同的。不过所不同者,明代是每十年统计户口一次,如人口有增加时,便须加税。至于清代的地丁合一税,康熙五十二年有诏书,凡每户有添丁时,永不加税(按钱先生称赞说,清代税制比明代宽大,是一种好制度也)。

二、清代之消亡

清代的康、雍、乾三朝,过的是相当平稳安宁的日子,可以与唐代的贞观及开元、天宝媲美。不过到了乾隆中叶,清室便步入衰落之期,此由于乾隆常喜动干戈,也不及雍正的励精图治。单就国家的库房来说,康熙二十一年,户部库存有银800余万两,到雍正时,增至6000余万两,达七倍有多,但到了乾隆初年,库存只有2400余万两。乾隆曾普免钱粮四次,总算有益于百姓,但他巡幸江南六次,可说好大喜功,动用库银甚巨,总算仍存7000余万两。

但乾隆时和珅为相二十年,贪银达八万万之巨,富可敌国,相当于国家岁入十倍以上,于是有"和珅跌倒,嘉庆吃饱"之谣。由于和珅之贪渎无厌,因此影响清室以下数朝吏治日窳。时有章学诚、洪亮吉等给予劣评,洪亮吉言道:"今日州县之恶,百倍于十年二十年以前。……无事蚀冒粮饷,有事避罪就功。"[①] 章学诚抨击道:"上下相蒙,惟事婪赃渎货。始则蚕食,渐至鲸吞。初以千百计者,俄而非万不交注矣,俄而万且以数计矣,俄以数十万计,或百万计矣。"[②] 因此,老百姓之家财,被政府抽去重税,又有力役,几乎不破其家不止,人民生活之惨可知矣!

当时民间经济普遍转坏,人民生活困苦,加上乾隆时之户

---

① 洪亮吉《征邪教疏》。
② 章学诚《章学诚遗书》。

口比康熙朝激增达七八倍，由乾隆初之一亿七千余万增至乾隆四十八年之二亿八千四百余万，至嘉庆时更增至三亿六千一百余万人。因此人民所耕之田、所住之屋常感不足，而赋税负荷又重，真是民不聊生，其苦无比。

当时洪杨乱起，官逼民变，有"天厌满清，朱明再兴"之口号兴起，不久由曾国藩之湘军将洪杨数千兵丁平定。不久西北捻回之乱又起，依旧要靠湘军平定之。当时曾国藩、左宗棠、李鸿章等大员号称"同治中兴"之功臣，但他们能平乱，却不能治理，于是清代的部落政权始终苟延残喘。且外患频仍，如英国入侵的鸦片战争、英法联军的广州失陷、俄国入侵的伊犁订约、日寇侵华的台湾被割等等，丧权辱国，莫此为甚。再加上财政之竭蹶，内政之不振，晚清虽欲变法，已无力自强矣！

当时虽有盛宣怀、张之洞等能臣之协助，但守旧势力顽固，阻碍了革新运动。终于在孙中山先生领导之下，以辛亥革命推翻了清朝，建立了中华民国。当时虽有康有为、梁启超等有意想维持当时之和平现状，但潮流趋新，孙中山之辛亥革命终于奠定了民国之基础。但由于光绪年间兵变与内乱频仍，人民的生活处于水深火热之中，更难说可以得到丰足和平之生活矣！

附：民国时代之赋税

八年抗日战争时期，晏阳初做了文化、经济、政治及教育方面的各种实验。晏由河北定县迁移至四川灌县后，某日说："耕户并不吃亏了，地主也并不占便宜了。"

近百年来，中国人在经济上是吃亏的，原因是：

（一）与外国人订了关税条约，外国货进口中国只能抽税一次。

（二）订厘金，中国货运到任何关卡均须抽税。

由于上述两项，中国商业日衰，而外国货则大占便宜。由于只抽租税，但政府的费用大，如办学校，普及教育，原来的田租不够用，新增所谓"教育附加税"，而加出的名目达数十项之多，因此人民要缴纳给政府的税便很重了。

出版后记

钱穆先生在《如何研究经济史》一文中提出:"我们治中国经济史,须不忘其乃在全部文化体系中来作此表现。若专从经济看经济,则至少不足了解中国的经济发展史。"作为一代史学名家,钱穆先生治学精深而广博,其著述涵盖通史、政治史、思想史、文化史及经学史等诸多领域。在对中国历史的探索中,钱穆先生十分强调"中国历史之浑融一体性",致力于探寻"中国历史之传统与其特殊性"。在钱穆先生的著述中,我们可以看到这种一以贯之的学术理念与追求。

1956年,钱穆先生曾于香港新亚书院开设"中国社会经济史"课程,扼要地讲述了自上古至明清历代的经济情况与财政政策,涉及农业生产状况、土地赋税制度、工商业与城市发展、货币制度及社会阶级等多个方面。同时兼及历代财政经济与政治、制度、社会、军事、文化乃至法律、宗教等方面因素的联系与互动,在长时段的视野下描绘出历史演进的宏观趋势。

本书由新亚书院毕业生叶龙先生据当时的课程笔记整理而成。我们在此要感谢叶龙先生的付出,他不仅以详尽的记录保存了这部讲稿,而且加以精心的审订与补充,使读者得以切近地领略到钱穆先生对于中国历史的理解与剖析。我们也期待叶龙先生所记录和整理的其他书稿能够继续顺利出版，让更多精彩的学术资源得以呈现在读者面前。

  需要加以特别说明的是，由于原讲稿产生于上个世纪50年代，在当时的历史环境下，作者的部分观点不免带有一定的局限性，部分用语也有其特定的语境。为避免损害其学术价值和完整性，本书基本保持了讲稿的原貌，对于作者的部分个人观点，读者宜加以独立的思考和判断。

  服务热线：133-6631-2326　188-1142-1266
  读者服务：reader@hinabook.com

后浪出版公司
2015年12月

图书在版编目（CIP）数据

中国社会经济史讲稿 / 钱穆著；叶龙记录整理 .——北京：北京联合出版公司，2016.3
ISBN 978-7-5502-6858-6

Ⅰ . ①中… Ⅱ . ①钱… ②叶… Ⅲ . ①中国经济史 Ⅳ . ①F129

中国版本图书馆CIP数据核字(2015)第312235号

Simplified Chinese edition

Copyright © 2016 POST WAVE PUBLISHING CONSULTING (Beijing) Co., Ltd.
本书中文简体版权归属于后浪出版咨询(北京)有限责任公司

中国社会经济史讲稿

著　　者：钱　穆
记录整理：叶　龙
选题策划：后浪出版公司
出版统筹：吴兴元
特约编辑：陈顺先
责任编辑：王　巍
封面设计：周伟伟
版面设计：李红梅
营销推广：ONEBOOK
装帧制造：墨白空间

北京联合出版公司出版
（北京市西城区德外大街83号楼9层　100088）
北京京都六环印刷厂印刷　新华书店经销
字数99千字　690毫米×960毫米　1/16　8印张　插页4
2016年3月第1版　2016年3月第1次印刷
ISBN 978-7-5502-6858-6
定价：29.80元

后浪出版咨询(北京)有限责任公司 常年法律顾问：北京大成律师事务所　周天晖 copyright@hinabook.com
未经许可，不得以任何方式复制或抄袭本书部分或全部内容
版权所有，侵权必究

本书若有质量问题，请与本公司图书销售中心联系调换。电话：010-64010019

《中国经济史》

入选中纪委推荐书目
剖析历代政治得失经济根柢
把握五千年来中国经济史脉

讲 述 者：钱穆
记录整理：叶龙
作 序 者：林毅夫

书　　　号：978-7-5502-1958-8
页　　　数：312
出版时间：2014.01
定　　　价：39.80元

中国下一步的挑战，或许在于重构自身传统与世界的联系。在对西方学说理论的引进介绍之外，还需要重新理解自身的历史演进。本书重视政治、社会、文化与思潮之间的相互联系，涵盖了历朝历代的土地制度、基础设施投资（主要是水利及漕运）、货币制度与税收政策，还包括政府还是市场主导的经济思想争论。

——林毅夫　北大中国经济研究中心主任、前世界银行首席经济学家

内容简介

1954至1955年期间，钱穆先生曾于香港新亚书院先后讲授"中国经济史"及"中国社会经济史"两门课程，扼要地讲述了由上古春秋战国至明清时代的经济情况及财政政策，并道出经济与政治、文化、社会、军事、法律、宗教之间的相互影响和联系，评价政策和朝代兴亡之关系。

贯穿全书的主要经济问题包括农业经济及土地分配、基建及水利工程、工商业发展、货币制度改革、社会阶层现象、税制及徭役等。细读两千年的经济史，我们可以发现，今天中国的社会经济面貌深受历史传统的影响。希望此书能够帮助读者解读目前推行政策背后的原因和影响，同时起到镜鉴作用，将有益的经验应用于今日商业社会，避免失败的教训重蹈覆辙。

讲述者简介

钱穆（1895—1990），字宾四，江苏无锡人，中国现代历史学家。1912年始为乡村小学教师，后历中学而大学，先后在燕京大学、北京大学、清华大学、西南联合大学任教。1949年迁居香港，创办了新亚书院，任院长，从事教学和研究工作至1964年退休为止，期间曾获得香港大学、美国耶鲁大学名誉博士称号。1966年移居台北，在"中国文化书院（今中国文化大学）"任职，为"中央研究院院士"，台湾故宫博物院特聘研究员。1990年8月在台北逝世。钱穆著述颇丰，专著多达80种以上，代表作有《先秦诸子系年》《中国近三百年学术史》《国史大纲》《中国文化史导论》《中国历代政治得失》《中国思想史》等。

中国古代文化常识
（插图修订第4版）

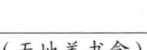
（天地盖书盒）

（四色精装版）

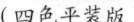
（四色平装版）

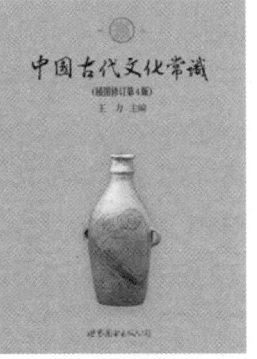
（单色平装版）

主　　编：王力
执 笔 者：马汉麟等
审 校 者：姜亮夫　叶圣陶等
修 订 者：刘乐园

四色精装版
书　　号：978-7-5062-9312-9
页　　数：288
出版时间：2009.08
定　　价：168.00元

四色平装版
书　　号：978-7-5062-9585-7
页　　数：288
出版时间：2009.09
定　　价：49.80元

单色平装版
书　　号：978-7-5062-8689-3
页　　数：272
出版时间：2008.09
定　　价：25.00元

名编名著　经典必读　畅销海内外46年
古史新证　改谬补漏　勾勒趣味古典生活

　　本书是王力教授主持并召集众多专家共同编写的关于中国古代文化常识的简明读本，出版46年来前后历经4次重要修订，到今天仍然是大众认识中国古代文化面貌最重要、最全面的基础参考书。全书分礼俗、宗法、饮食、衣饰等十四个方面。本书曾在港台地区出版并被译成日、韩等语言流行于海内外。

　　第4次修订特聘请在美国任教的汉学专家刘乐园，以中国考古学黄金时代的成果为出发点，通过近世考古发现与传统文献相结合的"古史新证"，从考古学和人类学的角度增补最新文化研究成果。修订的文稿和图片注释无一句空话，深入浅出，新意连连，水平之高为数十年来同类出版物中之翘楚。修订的内容中增加了一部分与文稿相配合的图片，某些关键文物的照片解析率之高也是惊人的。完成后的修订版文稿，具有很强的实用性和趣味性，修订委员会还专门为有兴趣的中学生阅读本书扫清了字词和基本概念上的障碍。

大学堂005-02

《中国近代史》（插图重校第6版）

荣获第四届"国家图书馆文津图书奖"
何兆武、汪荣祖、张鸣、雷达、刘苏里鼎力推荐

著　　者：（美）徐中约（Immanuel C.Y. Hsü）
译　　者：计秋枫　朱庆葆
审　　校：茅家琦　钱乘旦

书　　号：978-7-5100-4955-2
页　　数：656
出版时间：2013.08
定　　价：80.00元

这本《中国近代史》……在中国大陆以外的史学界和凡是开中国近代史相关课程的大学生那里，几乎无人不知。直到今天，在西方大学图书馆里，此书依然有很高的借阅频率，是学界公认的中国近代史的权威著作和教科书。

——张鸣　中国人民大学教授

内容简介

本书自1970年面世后五次修订，销售数十万册，为欧美及东南亚等地中国近代史研究的权威著作及最畅销的学术教科书，是一本极具深远影响的经典力作。此次重校对内容重新审校、订讹，并对部分章节进行增补，同时择选百余幅珍贵照片，随之配图，努力为读者呈现一部客观翔实的著作。

本书自清朝立国起，下迄21世纪，缕述四百年来中国近代社会之巨变。然作者明确指出，这段艰难的历程并非如大多西方汉学家所言，是一段西方因素不断输入而中国仅仅被动回应的历史。作者拈出"政府的政策和制度"、"反对外来因素的民族或种族抗争"以及"在新的天地里寻求一条求生之道"三条线索，作为推动近代中国发展的三股最重要动力，并通过对近代中国内部社会动荡的描摹，向世界讲述了"一个古老的儒家帝国经无比艰难，蜕变为一个近代民族国家"的历史。

徐中约虽身处欧美学界，想通过本书表达的却是"以中国人的身份对近代中国发展进程的看法"，但这种表达不囿于任何一家学说、一种主义，开出一种折中调和的历史观。作者以超越意识形态、阶级、党派、种族和文化的眼光，怀抱对各色历史人物的宽容、同情、善意之心，能够公平公正、客观冷静地看待历史事件的发生。并且参考了巨量不同语种的档案文献及研究著述，以跨学科的方法写就这部描述近四百年中华民族之挣扎历程的史学巨著。